Wilhelm Viëtor

Deutsches Lesebuch in Lautschrift

Zur Erwerbung einer mustergültigen Aussprache

Wilhelm Viëtor

Deutsches Lesebuch in Lautschrift
Zur Erwerbung einer mustergültigen Aussprache

ISBN/EAN: 9783742859471

Hergestellt in Europa, USA, Kanada, Australien, Japan

Cover: Foto ©Thomas Meinert / pixelio.de

Manufactured and distributed by brebook publishing software (www.brebook.com)

Wilhelm Viëtor

Deutsches Lesebuch in Lautschrift

DEUTSCHES LESEBUCH IN LAUTSCHRIFT

(ZUGLEICH IN DER DEUTSCHEN SCHULSCHREIBUNG)

ALS HÜLFSBUCH
ZUR ERWERBUNG EINER MUSTERGÜLTIGEN AUSSPRACHE

HERAUSGEGEBEN VON

WILHELM VIËTOR
PROFESSOR AN DER UNIVERSITÄT MARBURG

ZWEITER TEIL

ZWEITES LESEBUCH

LEIPZIG
DRUCK UND VERLAG VON B. G. TEUBNER
1902

LONDON: DAVID NUTT   PARIS: C. KLINCKSIECK
NEW-YORK: LEMCKE & BUECHNER   AMSTERDAM: SÜLPKE'sche BUCHH.
KOPENHAGEN: G. CHR. URSIN's NACHF.

Vorwort.

Der zweite Teil dieses Lesebuchs in Lautschrift ist durchaus eine Fortsetzung des ersten Teils, weshalb auch die beiden Abschnitte, die den Inhalt bilden, „In Garten und Wiese, in Heide und Feld" und „Im Walde", als IV und V weitergezählt sind. Bei vorhandenem Bedürfnis wird ein dritter Teil folgen, der die konzentrischen Kreise des Stoffes fortsetzt und abschließt.

Das im Vorwort des ersten Teils (S. VI) gegebene Versprechen, daß dieser zweite Teil in der Lautschrift des Textes der vorgeschrittenen Lesefertigkeit Rechnung tragen solle, ist hier eingelöst. Ausdrücklichen Wünschen zufolge sind jedoch die Taktstriche beibehalten, auch die Unterscheidung der offenen kurzen „i", „u", „ü" von den geschlossenen langen wieder aufgenommen und durchgeführt worden. Im Einklang mit der jetzigen Lautschrift der *Association Phonétique Internationale* (Organ: *Le Maître Phonétique*, 20 rue de la Madeleine, Bourg-la-Reine) mußte statt *i, u, y* diesmal die Bezeichnung ɪ, ʊ, ʏ gewählt werden. — Die Schulschreibung der Seiten links ist die von 1903 an gültige neue.

Bei der Korrektur hat mich Herr stud. phil. L. Meyn in dankenswertester Weise unterstützt.

Marburg, im August 1902.

W. Viëtor.

Inhalt
nebst Nachweis der Quellen.

	Seite
Vorwort	III
Inhalt nebst Nachweis der Quellen	IV
IV. In Garten und Wiese, Heide und Feld	1
*1. Wer hat die Blumen nur erdacht? Hey. (H. II. — Hey.**)	2
*2. Die Gärtnerin und die Biene. Gleim. (H. II.)	4
*3. Einkehr. Uhland. (H. I. — U.)	4
*4. Vom schlafenden Apfel. Reinick. (H. I.)	6
5. Dieb! Dieb! Dieffenbach. (H. 1.)	8
6. Die Nuß. Schmid. (H. 1.)	12
*7. Vogel. Hey. (H. I. — Hey.)	14
*8. Knabe und Schmetterling. Hey. (H. I. — Hey.)	14
9. Die drei Schmetterlinge. Curtman. (H. 1.)	16
10. Die Sonnenstrahlen. Curtman. (H. 1.)	18
*11. Es regnet. Enslin. (H. I.)	20
12. Die Grasprinzessin. Curtman. (Fö.)	22
*13. Ein schweres Rätsel. Hoffmann von Fallersleben. (H. v. F.)	24
*14. Der Frosch. Dieffenbach. (H. II.)	26
*15. Durchs Kornfeld. Dieffenbach. (H. II.)	28
16. Die Kornähren. Schmid. (H. 1.)	28
*17. Heidenröslein. Goethe. (H. I.)	30
*18. Des Knaben Berglied. Uhland. (H. II. — U.)	32
19. Das Hirtenbüblein. Brüder Grimm. (H. 1.)	34
20. Juchhe! Reinick. (H. III.)	36

* Gedichte. ** Siehe das Verzeichnis der Quellen.

INHALT.

Seite

V. Im Walde 39
*21. Im Walde möcht' ich leben. Hoffmann von Fallersleben. (H. I.) 40
*22. Gefunden. Goethe. (H. I.) 42
*23. Vom Bäumlein, das andere Blätter hat gewollt. Rückert. (H. I. — Rü.) 42
*24. Rätsel. Hoffmann von Fallersleben. (H. v. F.) 48
25. Das Abenteuer im Walde. Trojan. (H. 2.) . . 50
*26. Vom listigen Grasmücklein ein lustiges Stücklein. Güll. (H. I.) 62
*27. Wettstreit. Hoffmann von Fallersleben. (H. v. F.) 64
*28. Eichhorn und Wind. Hey. (F. — Hey.) 64
*29. Eichhörnchen. Hoffmann von Fallersleben. (H. v. F.) 66
*30. Häslein. Güll. (G. I.) 68
*31. Waldlust. Kerner. (H. Lb.) 70
*32. Der weiße Hirsch. Uhland. (H. I. — U.) . . . 72
*33. Fuchs und Ente. Hey. (G.-S. — Hey.) 74
34. Der Wolf und der Mensch. Brüder Grimm. (H. 1. — Gr.) 74
35. Der Wolf. Schmid. (E.-F.) 78
36. Der Wolf und die sieben jungen Geißlein. Brüder Grimm. (G.-S. — Gr.) 78
37. Rotkäppchen. Brüder Grimm. (H. 1.) 86
38. Die Bärenhaut. Curtman. (E.-F. — C.) 94
39. Der Menschenfresser. Schmid. (H. 1. — S.) . . 97
40. Sneewittchen. Brüder Grimm. (H. 1. — Gr.) . . 100
41. Dornröschen. Brüder Grimm. (H. 2. — Gr.) . . 122
*42. Der Jäger Abschied. Eichendorff. (H. III.) . . 132
Erläuterungen 134

Verzeichnis der Quellen.

Zu den im ersten Teile S. XI f. genannten Quellen kommen hinzu:

H. III. Mustergedichte. Zum Schulgebrauch ausgewählt von Karl Hessel. III. Teil. 4., umgearbeitete Auflage. Bonn, Eduard Webers Verlag. 1897.

H. 2. Musterprosa. Zum Schulgebrauch ausgewählt von Karl Hessel. II. Teil. 2., umgearbeitete Auflage. Ebd. 1897.

H. Lb. Deutsches Lesebuch für die Volksschule. Unterstufe der zwei- und dreibändigen Ausgabe ... Bearbeitet und herausgegeben vom Hessischen Volksschullehrerverein. 7. Auflage. Kassel, Druck von Weber & Weidemeyer. 1896.

H. v. F. Kinderlieder von Hoffmann von Fallersleben. Erste vollständige Ausgabe besorgt durch Dr. Lionel von Donop. Berlin, G. Grote'sche Verlagsbuchhandlung. 1877.

U. Uhlands Werke in vier Bänden. Mit einer biographischen Einleitung von Ludwig Geiger. Leipzig, Gustav Fock. O. J.

IV.

In Garten und Wiese, Heide und Feld.

IV.
In Garten und Wiese, Heide und Feld.

1. Wer hat die Blumen nur erdacht?

1. Wer hat die Blumen nur erdacht?
   Wer hat sie so schön gemacht,
   Gelb und rot und weiß und blau,
   Daß ich meine Lust dran schau'?
2. Wer hat im Garten und im Feld
   Sie so auf einmal hingestellt?
   Erst war's doch so hart und kahl,
   Blüht nun alles auf einmal.
3. Wer ist's, der ihnen allen schafft
   In den Wurzeln frischen Saft,
   Gießt den Morgentau hinein,
   Schickt den hellen Sonnenschein?
4. Wer ist's, der sie alle ließ
   Duften noch so schön und süß,
   Daß die Menschen groß und klein
   Sich in ihren Herzen freu'n?
5. Wer das ist, und wer das kann
   Und nicht müde wird daran?
   Das ist Gott in seiner Kraft,
   Der die lieben Blumen schafft.

   Hey.

IV.
ˀın ˈgartən | (ˀ)ʊnt ˈviːzə, ‖ ˈhaidə | (ˀ)ʊnt ˈfɛlt.

1. ˈveːr hat | di ˈbluːmən | nuːr ɛrˈdaxt?
1. ˈveːr hat | di ˈbluːmən | nuːr ɛrˈdaxt? ‖
ˈveːr hat | ziː zo ˈʃeːn gəmaxt, ‖
ˈgɛlp | (ˀ)ʊnt ˈroːt | (ˀ)ʊnt ˈvais | (ˀ)ʊnt ˈblau, ‖
das ıç mainə ˈlʊst dran ʃau?

2. ˈveːr hat | (ˀ)ım ˈgartən | (ˀ)ʊnt ım ˈfɛlt |
zi ˈzoː | (ˀ)auf ˈˀainmaːl | ˈhıngəʃtɛlt? ‖
ˈˀeːrst vaːrs dɔx | zo ˈhart | (ˀ)ʊnt ˈkaːl, ‖
ˈblyːt nuːn | ˈˀaləs | (ˀ)auf ainˈmaːl.

3. ˈveːr | ˈˀısts, | deːr iːnən ˈˀalən | ˈʃaft |
ˀın dən ˈvʊrtsəln | frıʃən ˈzaft, ‖
giːst dən ˈmorə/jəntau hınain, ‖
ʃıkt dən hɛlən ˈzɔnənʃain?

4. ˈveːr | ˈˀısts, | deːr zi ˈˀalə | liːs
ˈdʊftən nɔx | zo ˈʃeːn | (ˀ)ʊnt ˈzyːs, ‖
das di ˈmɛnʃən ‖ ˈgroːs | (ˀ)ʊnt ˈklain ‖
zıç ın iːrən ˈhɛrtsən | ˈfrɔyn?

5. ˈveːr | das ˈˀıst, | (ˀ)ʊnt ˈveːr | das ˈkan· |
(ˀ)ʊnt nıçt ˈmyːdə vırt daran? ‖
das ıst ˈgɔt | (ˀ)ın zainər ˈkraft, ‖
deːr di liːbən ˈbluːmən | ˈʃaft.

h a i.

4   IV. IN GARTEN UND WIESE, HEIDE UND FELD.

2. Die Gärtnerin und die Biene.

Eine kleine Biene flog
Emsig hin und her und sog
Süßigkeit aus allen Blumen.
„Bienchen," spricht die Gärtnerin,
Die sie bei der Arbeit trifft,
„Manche Blume hat doch Gift,
Und du saugst aus allen Blumen?" —
„Ja," sagt sie zur Gärtnerin,
„Ja, das Gift laß ich darin!"   Gleim.

---

3. Einkehr.

1. Bei einem Wirte wundermild,
    Da war ich jüngst zu Gaste;
    Ein goldner Apfel war sein Schild
    An einem langen Aste.

2. Es war der gute Apfelbaum,
    Bei dem ich eingekehret;
    Mit süßer Kost und frischem Schaum
    Hat er mich wohl genähret.

3. Es kamen in sein grünes Haus
    Viel leichtbeschwingte Gäste;
    Sie sprangen frei und hielten Schmaus
    Und sangen auf das beste.

4. Ich fand ein Bett zu süßer Ruh
    Auf weichen, grünen Matten;
    Der Wirt, er deckte selbst mich zu
    Mit seinem kühlen Schatten.

IV. ʾın ˈgartən | (ʾ)ʊnt ˈviːzə, ‖ ˈhaidə [(ʾ)ʊnt ˈfɛlt.

2. di ˈgɛrtnərın | (ʾ)ʊnt di ˈbiːnə.

ʾainə klainə ˈbiːnə | ˈfloːᵏ/ₓ |
ˈʾɛmzɪ⁽ᵏ⁾/ᶜ | ˈhın | (ʾ)ʊnt ˈheːr | (ʾ)ʊnt ˈzoːᵏ/ₓ |
ˈzyːsɪ⁽ᵏ⁾/ᶜkait | (ʾ)aus ˈʾalən | ˈbluːmən.
„ˈbiːnçən,‟ ‖ ʃprıçt di ˈgɛrtnərın, ‖
diː zi bai dər ʾarbait ˈtrıft, ‖
„ˈmançə | ˈbluːmə | hat dɔx ˈgıft, ‖
ʾʊnt du zauᵏ/ₓst aus ˈʾalən bluːmən?‟ —
„ˈjaː,‟ ‖ zaːᵏ/ₓt ziː tsʊr ˈgɛrtnərm, ‖
„ˈjaː, | das ˈgıft | las ıç daˈrın!‟   glaim.

---

3. ʾainkeːr.

1. bai ainəm ˈvırtə | ˈvʊndər|ˈmılt, ‖
   da vaːr ıç ˈjʏŋst | tsu ˈgastə; ‖
   ʾain ˈgɔldnər | ˈʾapfəl | vaːr zain ˈʃılt ‖
   ʾan ainəm ˈlaŋən | ˈʾastə.

2. ʾɛs vaːr dər ˈguːtə | ˈʾapfəlbaum, ‖
   bai deːm ıç ˈʾaingəkeːrət; ‖
   mıt ˈzyːsər | ˈkɔst | (ʾ)ʊnt ˈfrıʃəm | ˈʃaum ‖
   hat ɛr mıç ˈvoːl | gəˈnɛːrət.

3. ʾɛs ˈkaːmən | (ʾ)ın zain ˈgryːnəs | ˈhaus ‖
   ˈfiːl | ˈlaiçt|bəˈʃvıŋtə | ˈgestə; ‖
   zi ˈʃpraŋən·| ˈfrai ‖ ʾʊnt hiːltən ˈʃmaus ‖
   ʾʊnt ˈzaŋən | (ʾ)auf das ˈbɛstə.

4. ʾıç fant ain ˈbɛt | tsu ˈzyːsər | ˈruː ‖
   ʾauf ˈvaiçən, | ˈgryːnən | ˈmatən; ‖
   dər ˈvırt, ‖ ʾɛr dɛktə ˈzɛlpst | mıç ˈtsuː |
   mıt zainəm ˈkyːlən | ˈʃatən.

IV. IN GARTEN UND WIESE, HEIDE UND FELD

5. Nun fragt' ich nach der Schuldigkeit,
   Da schüttelt' er den Wipfel.
   Gesegnet sei er allezeit
   Von der Wurzel bis zum Gipfel!
                                   Uhland.

4. Vom schlafenden Apfel.

1. Im Baum, im grünen Bettchen,
   Hoch oben sich ein Apfel wiegt,
   Der hat so rote Bäckchen,
   Man sieht's, daß er im Schlafe liegt.

2. Ein Kind steht unterm Baume,
   Das schaut und schaut und ruft hinauf:
   „Ach Apfel, komm herunter!
   Hör endlich doch mit Schlafen auf!"

3. Es hat ihn so gebeten,
   Glaubt ihr, der wäre aufgewacht?
   Er rührt sich nicht im Bette,
   Sieht aus, als ob im Schlaf er lacht.

4. Da kommt die liebe Sonne
   Am Himmel hoch daher spaziert.
   „Ach Sonne, liebe Sonne,
   Mach' du, daß sich der Apfel rührt!"

5. Die Sonne spricht: „Warum nicht?"
   Und wirft ihm Strahlen ins Gesicht,
   Küßt ihn dazu so freundlich;
   Der Apfel aber rührt sich nicht.

IV. ʼın ˈgartən | (ʼ)ʊnt ˈviːzə, ‖ ˈhaidə | (ʼ)ʊnt ˈfɛlt.

5. nuːn ˈfraːᵏ/ₓt ıç | naːx dər ˈʃʊldı⁽ᵏ⁾/̨kait, ‖
da ˈʃxtəlt ɛr | dən ˈvıpfəl. ‖
gə ˈzeːᵍ/ⱼnət | zai ɛr ˈʼalətsait ‖
fɔn dər ˈvʊrtsəl | bıs tsʊm ˈgıpfəl!
ʼuːlant.

---

4. fɔm ˈʃlaːfəndən | ˈʼapfəl.

1. ʼım ˈbaum, ‖ ʼım ˈgryːnən | ˈbɛtçən, ‖
hoːx ˈʼoːbən | zıç ain ˈʼapfəl viːᵏ/̨t, ‖
deːr hat zo ˈroːtə | ˈbɛkçən, ‖
man ˈziːts, | das ɛr ım ˈʃlaːfə liːᵏ/̨t.

2. ʼain ˈkınt | ʃteːt ʊntərm ˈbaumə, ‖
das ˈʃaut | (ʼ)ʊnt ˈʃaut | (ʼ)ʊnt ˈruːft | hıˈnauf: ‖
„ʼax ˈʼapfəl, | kɔm heˈrʊntər! ‖
heːr ˈʼɛntlıç dɔx | mıt ˈʃlaːfən ʼauf!"

3. ʼɛs hat iːn ˈzoː | gəˈbeitən, ‖
ˈglaupt iːr, | deːr vɛːrə ˈʼaufgəvaxt? ‖
ʼɛr ˈryːrt zıç nıçt ım bɛtə, ‖
ziːt ˈʼaus, | (ʼ)als ɔp ım ʃlaːf ɛr ˈlaxt.

4. da kɔmt di liːbə ˈzɔnə |
(ʼ)am ˈhıməl | ˈhoːx | daˈheːr ʃpatsiːrt. ‖
„ʼax ˈzɔnə, | liːbə ˈzɔnə, ‖
max ˈduː, | das zıç dər ˈʼapfəl | ˈryːrt!"

5. di zɔnə ˈʃprıçt: ‖ „vaˈrʊm nıçt?" ‖
ʼʊnt vırft iːm ˈʃtraːlən ıns gəzıçt, ‖
ˈkʏst iːn datsuː | zo ˈfrɔyntlıç; ‖
dər ˈʼapfəl ʼaːbər | ˈryːrt zıç nıçt.

IV. IN GARTEN UND WIESE, HEIDE UND FELD.

    6. Nu schau'! da kommt ein Vogel
       Und setzt sich auf den Baum hinauf.
       „Ei Vogel, du mußt singen!
       Gewiß, gewiß, das weckt ihn auf."

    7. Der Vogel wetzt den Schnabel
       Und singt ein Lied so wundernett
       Und singt aus voller Kehle;
       Der Apfel rührt sich nicht im Bett.

    8. Und wer kam nun gegangen?
       Es war der Wind, den kenn' ich schon;
       Der küßt nicht, und der singt nicht,
       Der pfeift aus einem andern Ton.

    9. Er stemmt in beide Seiten
       Die Arme, bläst die Backen auf
       Und bläst und bläst; und richtig,
       Der Apfel wacht erschrocken auf

    10. Und springt vom Baum herunter
        Grad in die Schürze von dem Kind;
        Das hebt ihn auf und freut sich
        Und ruft: „Ich danke schön, Herr Wind!"
                              Reinick.

---

5. Dieb! Dieb!

    In des Nachbars Garten stand ein prächtiger Kirschbaum. Die Kirschen waren eben reif geworden, und der kleine Hans schaute oft mit Verlangen danach. Er hätte zu gerne einige von den schönen roten Kirschen gehabt. Eines Tages war der Nachbar im Feld, und seine

IV. ˀɪn ˈgartən | (ˀ)ʊnt ˈviːzə, ‖ ˈhaidə | (ˀ)ʊnt ˈfɛlt.

6. nu ˈʃau! ‖ da kɔmt ain ˈfoːᵍ/gəl |
(ˀ)ʊnt ˈzɛtst zɪç | (ˀ)auf dən ˈbaum hɪnauf. ‖
„ˀai ˈfoːᵍ/gəl, | du mʊst ˈzɪŋən! ‖
gəˈvɪs, ‖ gəˈvɪs, ‖ ˈdas | vɛkt iːn ˀauf."

7. dər ˈfoːᵍ/gəl | vɛtst dən ˈʃnaːbəl |
(ˀ)ʊnt zɪŋt ain ˈliːt | zo ˈvʊndər|ˈnɛt ‖
ˀʊnt zɪŋt aus ˈfɔlər | ˈkeːlə; ‖
dər ˈˀapfəl | ˈryːrt zɪç nɪçt ɪm bɛt.

8. ˀʊnt ˈveːr | kaːm ˈnuːn gəgaŋən? ‖
ˀɛs vaːr dər ˈvɪnt, ‖ deːn ˈkɛn ɪç ʃoːn; ‖
deːr ˈkʏst nɪçt, | (ˀ)ʊnt deːr ˈzɪŋt nɪçt, ‖
deːr pfaift aus ainəm ˀandərn toːn.

9. ˀɛr ʃtɛmt ɪn ˈbaidə | ˈzaitən |
di ˀarmə, ‖ bleːst di ˈbakən ˀauf |
(ˀ)ʊnt ˈbleːst | (ˀ)ʊnt ˈbleːst; ‖ ˀʊnt ˈrɪçtɪ⁽ᵏ⁾/ç, ‖
dər ˀapfəl | vaxt ɛrʃrɔkən ˀauf ‖

10. ˀʊnt ʃprɪŋt fɔm· ˈbaum | heˈrʊntər ‖
ˈgraːt | (ˀ)ɪn di ˈʃʏrtsə | fɔn dəm ˈkɪnt; ‖
das heːpt iːn ˀauf | (ˀ)ʊnt ˈfrɔyt zɪç |
(ˀ)ʊnt ˈruːft: ‖ „ˀɪç ˈdaŋkə ʃoːn, | hɛr ˈvɪnt!"

rainɪk.

---

5. ˈdiːp! | ˈdiːp!

ˀɪn dəs ˈnaxbaːrs | ˈgartən ‖ ʃtant ain ˈprɛçtɪᵍ/jər | ˈkɪrʃ-
baum. ‖ di ˈkɪrʃən | vaːrən ˀeːbən | ˈraif gəvɔrdən, ‖ ˀʊnt dər
klainə ˈhans | ʃautə ˀɔft | mɪt fɛrˈlaŋən danaːx. ‖ ˀɛr hɛtə
ˈtsuː gɛrnə | (ˀ)ainɪᵍ/jə fɔn dən ˈʃøːnən | ˈroːtən | ˈkɪrʃən | gəˈhaːpt.
‖ ˀainəs ˈtaːᵍ/gəs | vaːr dər ˈnaxbaːr | (ˀ)ɪm ˈfɛlt, ‖ ˀʊnt zainə

IV. IN GARTEN UND WIESE, HEIDE UND FELD.

Frau und die Kinder waren auch ausgegangen. „Jetzt könnte ich mir ein paar Kirschen holen!" sagt Hans zu sich selbst, „der Nachbar ist nicht zu Hause, und gezählt wird er die Kirschen nicht haben; er sieht es nicht und wird es nicht merken, wenn ich mir ein paar hole — nur ein paar möchte ich haben!"

Schnell kroch Hans durch eine Lücke in des Nachbars Garten, schlich sich leise zum Kirschbaum, schaute sich noch einmal ängstlich um, und dann kletterte er flink wie ein Eichhörnchen hinauf. Mit zitternder Hand reichte er eben nach ein paar schönen, roten Kirschen, da rief eine feine Stimme ganz deutlich: „Dieb! Dieb!" — Erschrocken zog Hans die Hand zurück und schaute sich um, aber er konnte niemanden sehen. Ängstlich streckte er darum die Hand wieder nach den saftigen Kirschen aus. Eben wollte er sie abreißen, da rief's wieder: „Dieb! Dieb!" mit ganz feiner Stimme. Hans fuhr zusammen. Da er aber durchaus nicht sehen konnte, woher die Stimme kam, wagte er's noch einmal zuzugreifen. Aber ehe er noch die Kirschen abgestreift hatte, rief's wieder und zwar rechts und links und von oben aus der Spitze des Baumes: „Dieb! Dieb! Dieb! Dieb!"

Da rutschte Hänschen geschwind am Baume hinab, wobei er sich die Hosen tüchtig zerriß, und lief, so schnell er konnte, zum Garten hinaus. Ihm war's, als ob es immer hinter ihm herrief: „Dieb! Dieb!" — Erst als er glücklich wieder durch die Lücke in der Hecke hindurchgeschlüpft war, wagte er es, sich umzuschauen. Er sah aber nichts, als ein paar junge Sperlinge, die saßen auf

IV. ˈɪn ˈgartən | (ˀ)ʊnt ˈviːzə, ‖ ˈhaɪdə | (ˀ)ʊnt ˈfɛlt.

ˈfraʊ | (ˀ)ʊnt di ˈkɪndər | vaːrən ˀaʊx ˀaʊsgəgaŋən. ‖ „ˈjɛtst |
kɔntə ɪç miːr aɪn paːr ˈkɪrʃən | ˈhoːlən!" ‖ zaː:ᵏ/ₓt ˈhans | tsu
zɪç ˈzɛlpst, ‖ „dər ˈnaxbaːr | (ˀ)ɪst nɪçt tsu ˈhaʊzə, ‖ ˀʊnt ge-
ˈtseːlt | vɪrt ɛr di kɪrʃən nɪçt ˈhaːbən; ‖ ˀɛr ˈziːt ɛs nɪçt ‖
ˀʊnt vɪrt ɛs nɪçt ˈmɛrkən, | vɛn ɪç miːr aɪn paːr ˈhoːlə | 5
— nuːr aɪn ˈpaːr | mœçtə ɪç ˈhaːbən!"

ˈʃnɛl | krɔx ˈhans | durç aɪnə ˈlʏkə | (ˀ)ɪn dəs nax-
baːrs ˈgartən, ‖ ʃlɪç zɪç ˈlaɪzə | tsʊm ˈkɪrʃbaʊm, ‖ ˈʃaʊtə
zɪç | nɔx aɪnmaːl ˀɛŋstlɪç | ˀʊm, ‖ ˀʊnt dan ˈklɛtərtə ɛr |
ˈflɪŋk | vi aɪn ˀaɪçhœrnçən | hɪˈnaʊf. ‖ mɪt ˈtsɪtərndər | ˈhant | 10
raɪçtə ɛr ˀeːbən | naːx aɪn paːr ˈʃøːnən | ˈroːtən | ˈkɪrʃən, |
da ˈriːf | (ˀ)aɪnə ˈfaɪnə | ˈʃtɪmə | gants ˈdɔʏtlɪç: ‖ „ˈdiːp! | ˈdiːp!" ‖
— ˀɛrˈʃrɔkən | tsoː:ᵏ/ₓ ˈhans | di hant tsuˈrʏk | (ˀ)ʊnt ˈʃaʊtə
zɪç ˀʊm, ‖ ˀaːbər ɛr kɔntə ˈniːmandən | ˈzeːən. ‖ ˀɛŋstlɪç |
ʃtrɛktə ɛr darʊm di hant ˈviːdər | naːx dən zaftɪ⁹/ⱼən 15
ˈkɪrʃən ˀaʊs. ‖ ˀeːbən | vɔltə ɛr zi ˀapraɪsən, ‖ da riːfs
ˈviːdər: ‖ „ˈdiːp! | ˈdiːp!" ‖ mɪt gants ˈfaɪnər | ˈʃtɪmə. ‖ ˈhans |
fuːr tsuˈzamən. ‖ daː ɛr ˀaːbər durç ˀaʊs nɪçt | ˈzeːən kɔntə, |
vohɛːr di ˈʃtɪmə ˈkaːm, ‖ vaː:ᵏ/ₓtə ɛrs ˈnɔx aɪnmaːl tsuː-
tsugraɪfən. ‖ ˀaːbər ˀeːə ɛr nɔx | di kɪrʃən ˀapgəʃtraɪft hatə, ‖ 20
riːfs ˈviːdər | (ˀ)ʊnt tsvaːr ˈrɛçts | (ˀ)ʊnt ˈlɪŋks | (ˀ)ʊnt fɔn
ˀoːbən | (ˀ)aʊs dər ˈʃpɪtsə dəs baʊməs: ‖ „ˈdiːp! | ˈdiːp! |
ˈdiːp! | ˈdiːp!"

da rʊtʃtə ˈhɛnsçən | gəʃvɪnt am ˈbaʊmə hɪnap, ‖ vo-
bai ɛr zɪç di ˈhoːzən | trçtɪ⁽ᵏ⁾/꜀ tsɛrˈrɪs, ‖ ˀʊnt ˈliːf, | zo ˈʃnɛl | 25
(ˀ)ɛr ˈkɔntə, | tsʊm ˈgartən hɪnaʊs. ‖ ˀiːm ˈvaːrs, | (ˀ)als ɔp ɛs
ˀɪmər | hɪntər iːm ˈhɛrriːf: ‖ „ˈdiːp! | ˈdiːp!" ‖ — ˀeːrst | (ˀ)als
ɛr ˈglʏklɪç | viːdər durç di ˈlʏkə | (ˀ)ɪn dər ˈhɛkə | hɪnˈdurç-
gəˈʃlʏpft vaːr, ‖ ˈvaːᵏ/ₓtə ɛr ɛs, | zɪç ˀʊmtsuˈʃaʊən. ‖ ˀɛr ˈzaː |
ˀaːbər ˈnɪçts, | (ˀ)als aɪn paːr jʊŋə ˈʃpɛrlɪŋə, ‖ diː zaːsən aʊf 30

dem Kirschbaume, ließen sich die schönen Kirschen wohl schmecken und schrieen laut dazu, und das klang dem kleinen Hans gerade wie: Dieb! Dieb! weil er kein gutes Gewissen hatte.

„Ihr dummen Spatzen," sagte Hänschen ärgerlich, „ihr seid selbst Diebe, nichtsnutzige Diebe seid ihr, was braucht ihr mich so zu erschrecken?" Die Spatzen ließen sich durch solche Anrede gar nicht stören, sie fraßen dem Nachbar die besten Kirschen weg und riefen immer lustig weiter: „Dieb! Dieb!" — „Ihr seid recht dumme Spatzen und arge Spitzbuben dazu," sagte Hans, „aber es ist gut, daß ihr mich so erschreckt habt, sonst wäre ich wirklich ein Dieb geworden, wie ihr es seid. Ich will mir's merken. Pfui, wie häßlich ist es, ein Dieb zu sein." Hans merkte sich wirklich die Geschichte, und wenn er später in Versuchung kam und Lust verspürte, Obst von den Bäumen zu stehlen oder sonst etwas wegzunehmen, klang's ihm immer in den Ohren: Dieb! Dieb! und dann erschrak er und ging rasch vorüber und sagte leise: „Die Spatzen! die Spatzen! hüte dich!"

Dieffenbach.

6. Die Nuß.

Unter dem großen Nußbaume nächst dem Dorfe fanden zwei Knaben eine Nuß. „Sie gehört mir," rief Ignaz, „denn ich habe sie zuerst gesehen." — „Nein, sie gehört mir," schrie Bernhard, „denn ich habe sie zuerst aufgehoben." Beide gerieten in einen heftigen Streit. „Ich will den Streit ausmachen," sagte ein größerer Junge,

IV. ʔɪn̩ ˈgartən | (ʔ)ʊnt ˈvi.ʦə, ‖ ˈhaidə | (ʔ)ʊnt ˈfɛlt.

dəm ˈkɪrʃbaumə, | liːsən zɪç di ʃøːnən kɪrʃən ˈvoːl
ʃmɛkən | (ʔ)ʊnt ˈʃriːən laut datsuː, ‖ ʔʊnt das klaŋ dəm
klainən ˈhans | gəˈraːdə vi | ˈdiːp! | ˈdiːp! ‖ vail ɛr kain
guːtəs gəˈvɪsən hatə.

„ʔiːr ˈdumən | ˈʃpatsən,“ ‖ zaːᵏ/ₓtə hɛnsçən ʔɛrᵍ/ⱼərlɪç, ‖ 5
„ʔiːr zait ˈzɛlpst | ˈdiːbə, ‖ ˈnɪçtsnʊtsɪᵍ/ⱼə | ˈdiːbə zait iːr, ‖ vas
brauxt iːr mɪç zo tsu ɛrˈʃrɛkən?“ ‖ di ˈʃpatsən | liːsən
zɪç dʊrç zɔlçə ʔanreːdə | ˈgaːr nɪçt | ˈʃtøːrən, ‖ zi fraːsən dəm
ˈnaxbaːr | di bɛstən ˈkɪrʃən vɛᵏ/꜀ | (ʔ)ʊnt riːfən ʔɪmər | lʊstɪ⁽ᵏ⁾/꜀
ˈvaitər: ‖ „ˈdiːp! | ˈdiːp!“ ‖ — „ʔiːr zait rɛçt ˈdumə | ˈʃpatsən ‖ 10
ʔʊnt ʔarᵍ/ⱼə | ˈʃpɪtsbuːbən | daˈtsuː,“ ‖ zaːᵏ/ₓtə ˈhans, ‖ „ʔaːbər ɛs
ɪst ˈguːt, | das iːr mɪç zo ɛrˈʃrɛkt haːpt, ‖ zɔnst vɛːrə ɪç
ˈvɪrklɪç | (ʔ)ain ˈdiːp gəvɔrdən, | vi ʔiːr ɛs zait. ‖ ʔɪç vɪl
miːrs ˈmɛrkən.‖ ˈpfui,‖ vi ˈhɛslɪç ɪst ɛs, | (ʔ)ain ˈdiːp tsu zain.“
hans ˈmɛrktə zɪç | ˈvɪrklɪç di gəʃɪçtə, ‖ ʔʊnt vɛn ɛr ˈʃpɛːtər | 15
(ʔ)ɪn fɛrˈzuːxʊŋ kaːm | (ʔ)ʊnt ˈlʊst fɛrˈʃpyːrtə, | ʔoːpst fɔn dən
bɔymən tsu ʃtɛːlən | (ʔ)oːdər ˈzɔnst ɛtvas vɛᵏ/꜀ tsunɛːmən, |
klaŋs iːm ʔɪmər | (ʔ)ɪn dən ʔoːrən: ‖ ˈdiːp! | ˈdiːp! ‖ ʔʊnt dan
ɛrˈʃraːk ɛr | (ʔ)ʊnt gɪŋ ˈraʃ ‖ foˈryːbər | (ʔ)ʊnt zaᵏ/ₓtə ˈlaizə:
„di ˈʃpatsən! ‖ di ˈʃpatsən! ‖ ˈhyːtə dɪç!“   20
diːfənbax.

---

6. di ˈnʊs.

ʔʊntər dəm ˈgroːsən | ˈnʊsbaumə ‖ nɛːçst dəm ˈdɔrfə |
fandən tsvai ˈknaːbən | (ʔ)ainə ˈnʊs. ‖ „zi gəhøːrt ˈmiːr,“ ‖ riːf
iˈgnaːts, ‖ „dɛn ɪç haːbə zi tsuˈʔeːrst | gəˈzeːən.“ ‖ — „nain, | zi
gəhøːrt ˈmiːr,“ ‖ ʃriː ˈbɛrnhart, ‖ „dɛn ɪç haːbə zi tsuˈʔeːrst | 5
ʔaufgəhoːbən.“ ‖ ˈbaidə | gəriːtən ɪn ainən ˈhɛftɪᵍ/ⱼən | ˈʃtrait.
ʔɪç vɪl dən ˈʃtrait | ʔausmaxən,“ ‖ zaːᵏ/ₓtə ain ˈgrøːsərər jʊŋə, |

IV. IN GARTEN UND WIESE, HEIDE UND FELD.

der eben dazu kam. Er stellte sich in die Mitte der beiden Knaben, machte die Nuß auf und sprach: „Die eine Schale gehört dem, der die Nuß zuerst sah; die andere Schale gehört dem, der sie zuerst aufhob;
5 den Kern aber behalte ich — für den Urteilsspruch."

Schmid.

7. Vogel.

„Knabe, ich bitt' dich, so sehr ich kann:
O rühre mein kleines Nest nicht an!
O sieh nicht mit deinen Blicken hin!
Es liegen ja meine Kinder drin;
5 Die werden erschrecken und ängstlich schrein,
Wenn du schaust mit den großen Augen herein."

Wohl sähe der Knabe das Nestchen gern,
Doch stand er behutsam still von fern,
Da kam der arme Vogel zur Ruh,
10 Flog hin und deckte die Kleinen zu
Und sah so freundlich den Knaben an:
„Hab' Dank, daß du ihnen kein Leid getan!"

Hey.

8. Knabe und Schmetterling.

Knabe: Schmetterling,
    Kleines Ding,
    Sage, wovon du lebst,
    Daß du nur stets in Lüften schwebst!
5 Schmetterling: Blumenduft, Sonnenschein,
    Das ist die Nahrung mein.

IV. ʼın ˈgartən | (ʼ)ʊnt ˈviːzə, ‖ ˈhaidə | (ʼ)ʊnt ˈfɛlt.

deːr ˈʼeːbən | daˈtsuː kaːm. ‖ ʼer ʃtɛltə zıç ın di ˈmıtə dər baidən knaːbən, | maxtə di nʊs ˈʼauf | (ʼ)ʊnt ˈʃpraːx: ‖ „di ˈʼainə ʃaːlə | gəheːrt ˈdeːm, | deːr di nʊs tsuːˈʼeːrst | ˈzaː; ‖ di ˈʼandərə ʃaːlə | gəheːrt ˈdeːm, | deːr zi tsuːˈʼeːrst | ˈʼaufhoːp; ‖ dən ˈkɛrn ʼaːbər | bəhaltə ˈʼıç ‖ — fyːr dən ˈʼʊrtailsʃprʊx." 5

ʃmıt.

---

7. foː%gəl.

„ˈknaːbə, | (ʼ)ıç ˈbıt dıç, | zo ˈzeːr | (ʼ)ıç ˈkan, ‖
ʼo ˈryːrə | main klainəs ˈnest | nıçt ˈʼan! ‖
ʼo ˈziː nıçt | mıt dainən ˈblıkən | ˈhm, ‖
ʼɛs ˈliː%jən jaː | mainə ˈkındər drm; ‖
diː veːrdən ɛrˈʃrekən | (ʼ)ʊnt ˈʼɛŋstlıç | ˈʃrain, ‖ 5
vɛn du ˈʃaust | mıt dən ˈgroːsən | ˈʼau%gən herain."

ˈvoːl | ˈzeːə dər knaːbə | das ˈnɛstçən | ˈgɛrn, ‖
dɔx ʃtant ɛr bəˈhuːtzaːm | ˈʃtıl | fɔn ˈfɛrn. ‖
da kaːm dər ˈʼarmə | ˈfoː%gəl | tsʊr ˈruː, ‖
floː%x ˈhın | (ʼ)ʊnt dɛktə di ˈklainən | ˈtsuː | 10
ʼʊnt zaː zo ˈfrɔyntlıç | dən knaːbən ˈʼan: ‖
„haːp ˈdaŋk, | das du iːnən kain ˈlait gətaːn."

hai.

---

8. ˈknaːbə | (ʼ)ʊnt ˈʃmɛtərlıŋ.

ˈknaːbə: ‖ ˈʃmɛtərlıŋ, ‖
  ˈklainəs | ˈdıŋ, ‖
  ˈzaː%gə, | vofɔn du ˈleːpst, ‖
  das du nuːr ˈʃteːts | (ʼ)ın ˈlʏftən ˈʃveːpst!
ˈʃmɛtərlıŋ: ‖ ˈbluːməndʊft, | ˈzɔnənʃain, ‖ 5
  ˈdas | (ʼ)ıst di ˈnaːrʊŋ main.

Der Knabe, der wollt' ihn fangen,
Da bat er mit Zittern und Bangen:
„Lieber Knabe, tu' es nicht,
Laß mich spielen im Sonnenlicht!
Eh' vergeht das Abendrot,
Lieg' ich doch schon kalt und tot."
                                    Hey.

---

9. Die drei Schmetterlinge.

Es waren einmal drei Schmetterlinge, ein weißer, ein roter und ein gelber, die spielten im Sonnenschein und tanzten von einer Blume zu der andern. Und sie wurden es gar nicht müde, so gut gefiel es ihnen. Da kam auf einmal der Regen und machte sie naß. Als sie das spürten, wollten sie schnell nach Hause fliegen, aber die Haustüre war zugeschlossen, und sie konnten den Schlüssel nicht finden. So mußten sie außen stehen bleiben und wurden immer nässer. Da flogen sie hin zu der gelb und rot gestreiften Tulpe und sagten: „Tulipanchen, mache uns ein wenig dein Blümchen auf, daß wir hineinschlüpfen und nicht naß werden!" Die Tulpe aber antwortete: „Dem gelben und dem roten will ich wohl aufmachen, aber den weißen mag ich nicht." Aber die beiden, der rote und der gelbe, sagten: „Nein, wenn du unsern Bruder, den weißen, nicht aufnimmst, so wollen wir auch nicht zu dir." Es regnete aber immer ärger, und sie flogen zu der Lilie und sprachen: „Gute Lilie, mach uns dein Blümchen ein wenig auf, daß wir nicht naß werden."

IV. ʼɪn ˈgartən | (ˀ)ʊnt ˈviːzə, ‖ ˈhaidə | (ˀ)ʊnt ˈfɛlt.

dər ˈknaːbə, | deːr vɔlt iːn ˈfaŋən, ‖
da ˈbaːt ɛr | mɪt ˈtsɪtərn | (ˀ)ʊnt ˈbaŋən: ‖
„ˈliːbər | ˈknaːbə, ‖ ˈtuː ɛs | ˈnɪçt, ‖
las mɪç ˈʃpiːlən | (ˀ)ɪm ˈzɔnənlɪçt! ‖
ˀeː fɛrˈgeːt | das ˀaːbəntroːt, ‖
liː ⁹⁄ⱼ ɪç ˈdɔx ʃoːn | ˈkalt | (ˀ)ʊnt ˈtoːt."

hai.

---

9. di drai ˈʃmɛtərlɪŋə.

ˀɛs vaːrən ainmaːl drai ˈʃmɛtərlɪŋə, ‖ ˀain ˈvaisər, | (ˀ)ain ˈroːtər | (ˀ)ʊnt ain ˈgɛlbər, ‖ diː ˈʃpiːltən | (ˀ)ɪm ˈzɔnənʃain | (ˀ)ʊnt ˈtantstən | fɔn ˀainər bluːmə | tsu dər ˀandərn. ‖ ˀʊnt zi vʊrdən ɛs gaːr nɪçt ˈmyːdə, ‖ zo ˈguːt | gəˈfiːl ɛs iːnən. da kaːm auf ˀainmaːl | dər ˈreːgən | (ˀ)ʊnt maxtə zi ˈnas. ˀals zi das ˈʃpyːrtən, | vɔltən zi ˈʃnɛl | naːx ˈhauzə fliː ⁹⁄ⱼən, | ˀaːbər di ˈhaustyːrə | vaːr ˈtsuːgəʃlɔsən, | (ˀ)ʊnt zi kɔntən dən ˈʃlʏsəl nɪçt fɪndən. ‖ zoː mʊstən zi ˀausən | ˈʃteːən blaibən | (ˀ)ʊnt vʊrdən ˀɪmər | ˈnɛsər. ‖ da floː ⁹⁄gən zi ˈhɪn | tsu ‖ dər ˈgɛlp | (ˀ)ʊnt ˈroːt gəʃtraiftən | ˈtʊlpə | (ˀ)ʊnt ˈzaː ᵏ⁄ₓtən: ‖ „tuliˈpaːnçən, ‖ maxə ʊns ain veːni ⁽ᵏ⁾⁄ꞔ dain ˈblyːmçən ˀauf, | das viːr hɪˈnainʃlʏpfən | (ˀ)ʊnt nɪçt ˈnas veːrdən!" ‖ di tʊlpə ˀaːbər ˀantvɔrtətə: ‖ „dɛm ˈgɛlbən | (ˀ)ʊnt dɛm ˈroːtən | vɪl ɪç voːl ˀaufmaxən, ‖ ˀaːbər dən ˈvaisən | ˈmaː ᵏ⁄ₓ ɪç nɪçt." ‖ ˀaːbər di ˈbaidən, | dər ˈroːtə | (ˀ)ʊnt dər ˈgɛlbə, | ˈzaː ᵏ⁄ₓtən: ‖ „ˈnain, | vɛn du ʊnzərn ˈbruːdər, | dən ˈvaisən, nɪçt ˀaufnɪmst, | zo vɔlən viːr ˀaux nɪçt tsuː diːr." ‖ ˀɛs ˈre ⁹⁄ⱼ nətə ˀaːbər | ˀɪmər | ˀɛr ⁹⁄ⱼər, ‖ ˀʊnt zi ˈfloː ⁹⁄gən | tsu dər ˈliːlĭə | (ˀ)ʊnt ˈʃpraːxən: ‖ „ˈguːtə | ˈliːlĭə, ‖ max ʊns dain ˈblyːmçən ain veːni ⁽ᵏ⁾⁄ꞔ ˀauf, ‖ das viːr nɪçt ˈnas veːrdən!" ‖

IV. IN GARTEN UND WIESE, HEIDE UND FELD.

Die Lilie aber antwortete: „Den weißen will ich wohl aufnehmen, denn er sieht gerade aus wie ich, aber die anderen mag ich nicht." Da sagte der weiße: „Nein, wenn du meine Brüder nicht aufnimmst, so mag ich auch nicht zu dir. Wir wollen lieber zusammen naß werden, als daß einer die anderen im Stiche läßt." Und so flogen sie weiter.

Allein die Sonne hinter den Wolken hatte gehört, wie die drei Schmetterlinge so gute Geschwister waren und so fest zusammenhielten. Und sie drang durch die Wolken durch und verjagte den Regen und schien wieder hell in den Garten und auf die Schmetterlinge. Es dauerte nicht lange, da hatte sie ihnen die Flügel getrocknet und ihren Leib erwärmt. Und nun tanzten die Schmetterlinge wieder wie vorher und spielten, bis es Abend war. Dann flogen sie zusammen nach Hause und schliefen.

Curtman.

10. Die Sonnenstrahlen.

Die Sonne war aufgegangen und stand mit ihrer schönen, glänzenden Scheibe am Himmel, da schickte sie ihre Strahlen aus, um die Schläfer in dem ganzen Lande zu wecken. Da kam ein Strahl zu der Lerche. Die schlüpfte aus ihrem Neste, flog in die Luft hinauf und sang: „Lirilirili, schön ist's in der Früh!"

Der zweite Strahl kam zu dem Häschen und weckte es auf. Das rieb sich die Augen nicht lange, sondern sprang aus dem Walde in die Wiese und suchte sich zartes Gras und saftige Kräuter zu seinem Frühstück.

IV. ʔın 'gartən | (ʔ)ʊnt 'viːzə, ‖ 'haidə | (ʔ)ʊnt 'fɛlt.

di 'liːlĭə ʔaːbər | 'ʔantvɔrtətə: ‖ „dən 'vaisən | vıl ıç voːl 'ʔaufneːmən, ‖ dɛn ɛr ziːt gə'raːdə ʔaus | vi 'ʔıç, ‖ ʔaːbər di 'ʔandərən | 'maː_iᵏ/ₓ ıç nıçt." ‖ da zaːᵏ/ₓtə dər 'vaisə: ‖ „'nain, ‖ vɛn du mainə 'bryːdər nıçt ʔaufnımst, ‖ zo maːᵏ/ₓ ıç 'ʔaux nıçt tsuː diːr. ‖ viːr volən liːbər tsu'zamən | 'nas vɛːrdən, ‖ 5 ʔals das 'ʔainər | di 'ʔandərən | (ʔ)ım 'ʃtıçə lɛst." ‖ ʔʊnt zo floː ᵍ/ₘɛn zi 'vaitər.

ʔa'lain | di 'zɔnə | hıntər dən 'volkən | hatə gə'hɛːrt, ‖ viː di drai 'ʃmetərlıŋə | zo guːtə gə'ʃvıstər vaːrən | (ʔ)ʊnt zo 'fɛst | tsu'zamənhiːltən. ‖ ʔʊnt zi 'draŋ | dʊrç di 'volkən | 10 dʊrç ‖ ʔʊnt fɛr'jaːᵏ/ₓtə | dən 'reː ᵍ/ⱼɛn ‖ ʔʊnt 'ʃiːn viːdər | 'hɛl | (ʔ)ım dən 'gartən | (ʔ)ʊnt auf di 'ʃmɛtərlıŋə. ‖ ʔɛs dauərtə nıçt 'laŋə, | da hatə zi iːnən di 'flyːᵍ/ⱼəl | gə'trɔknət ‖ ʔʊnt iːrən 'laip | (ʔ)ɛr'vɛrmt. ‖ ʔʊnt nuːn 'tantstən di ʃmɛtərlıŋə viːdər | vi foːr'heːr | (ʔ)ʊnt 'ʃpiːltən, | bıs ɛs 'ʔaːbənt vaːr. 15 dan floːᵍ/ₘɛn zi tsu'zamən | naːx 'hauzə | (ʔ)ʊnt 'ʃliːfən.

kʊrtman.

10. di 'zɔnənʃtraːlən.

di 'zɔnə | vaːr 'ʔaufgəgaŋən | (ʔ)ʊnt ʃtant mıt iːrər 'ʃøːnən, | 'glɛntsəndən | 'ʃaibə | (ʔ)am 'hıməl, ‖ da ʃıktə zi iːrə 'ʃtraːlən. ʔaus, ‖ ʔʊm di 'ʃleːfər | (ʔ)ım dəm 'gantsən | 'landə | tsu 'vɛkən. ‖ da kaːm 'ʔain ʃtraːl | tsu dər 'lɛrçə. ‖ diː ʃlʏpftə 5 aus iːrəm 'nɛstə, | floːᵏ/ₓ ın di 'lʊft hınauf | (ʔ)ʊnt 'zaŋ: ‖ „'liːri | 'liːri' | 'liː, ‖ 'ʃøːn ısts | (ʔ)ım dər 'fryː!"

dər 'tsvaitə ʃtraːl | kaːm tsu dəm 'hɛːsçən | (ʔ)ʊnt vɛktə ɛs 'ʔauf. ‖ das riːp zıç di 'ʔauᵍ/ₘɛn nıçt laŋə, | zɔndərn ʃpraŋ aus dəm 'valdə | (ʔ)ım di 'viːzə | (ʔ)ʊnt zuːᵏ/ₓtə zıç 10 'tsaːrtəs | 'graːs | (ʔ)ʊnt 'zaftıᵍ/ⱼə | 'krɔytər | tsu zainəm 'fryːʃtʏk.

2*

IV. IN GARTEN UND WIESE, HEIDE UND FELD.

Und ein dritter Strahl kam an das Hühnerhaus. Da rief der Hahn: „Kikeriki!" und die Hühner flogen von ihrer Stange herab und gackerten in dem Hofe, suchten sich Futter und legten Eier in das Nest.

Und ein vierter Strahl kam an den Taubenschlag zu den Täubchen. Die riefen: „Ruckediku, die Tür ist noch zu!" Und als die Tür aufgemacht war, da flogen sie alle in das Feld und liefen über den Erbsenacker und lasen sich die runden Körner auf.

Und ein fünfter Strahl kam zu dem Bienchen. Das kroch aus seinem Bienenkorbe hervor, wischte sich die Flügel ab und summte dann über die Blumen und den blühenden Baum hin und trug den Honig nach Hause.

Da kam der letzte Strahl an das Bett des Faulenzers und wollte ihn wecken. Allein der stand nicht auf, sondern legte sich auf die andere Seite und schnarchte, während die andern arbeiteten.

Curtman.

---

11. Es regnet.

1. Es regnet!
  Gott segnet
  Die Erde, die so durstig ist,
  Daß ihren Durst sie bald vergißt.
  O frischer Regen,
  Du Gottessegen!

2. Es regnet!
  Gott segnet

IV. ˀın ˈgartən | (ˀ)ʊnt ˈviːzə, ‖ ˈhaidə | (ˀ)ʊnt ˈfɛlt.

ˀʊnt ain ˈdrɪtər ʃtraːl | kaːm an das ˈhyːnərhaus. ‖ da riːf dər ˈhaːn: | „kıkəriˈkiː!" ‖ ˀʊnt di ˈhyːnər | floː:ᵍ/ɡən fɔn iːrər ˈʃtaŋə hɛrap | (ˀ)ʊnt ˈgakərtən | (ˀ)ın dəm ˈhoːfə, ‖ zuːxtən zɪç ˈfʊtər | (ˀ)ʊnt leː:ᵏ/ç tən ˀaiər ın das nɛst.

ˀʊnt ain ˈfiːrtər ʃtraːl | kaːm an dən ˈtaubənʃlaː:ᵏ/x | tsu 5 dən ˈtɔypçən. ‖ diː ˈriːfən: ‖ „rʊkədiˈkuː, | di ˈtyːr ɪst nɔx tsuː!" ‖ ˀʊnt als di tyːr ˀaufgəmaxt vaːr, | da floː:ᵍ/ɡən zi ˀalə | (ˀ)m das ˈfɛlt | (ˀ)ʊnt liːfən yːbər dən ˀɛrpsən ˀakər | (ˀ)ʊnt laːzən zɪç di rʊndən ˈkɵrnər ˀauf.

ˀʊnt ain ˈfʏnftər ʃtraːl | kaːm tsu dəm ˈbiːnçɔn. ‖ das 10 krɔx aus zainəm ˈbiːnənkɔrbə hɛrfoːr, | ˈvɪʃtə zɪç di ˈflyː:ᵍ/ɟəl ˀap | (ˀ)ʊnt zumtə dan yːbər di ˈbluːmən | (ˀ)ʊnt dən blyːəndən ˈbaum bın | (ˀ)ʊnt truː:ᵏ/x dən ˈhoːnɪ⁽ᵏ⁾/ç naːx hauzə.

da kaːm dər ˈlɛtstə ʃtraːl | (ˀ)an das ˈbɛt | dəs ˈfaulɛntsərs | (ˀ)ʊnt vɔltə iːn ˈvɛkən. ‖ ˀaˈlain | deːr ʃtant nɪçt 15 ˀauf, | zɔndərn leː:ᵏ/ç tə zɪç auf di andərə ˈzaitə | (ˀ)ʊnt ˈʃnarçtə, | vɛːrənt di ˀandərn | ˀarbaitətən.

kurtman.

---

11. ˀɛs ˈreː:ᵍ/ɟnət.

1. ˀɛs ˈreː:ᵍ/ɟnət! ‖
   ˈgɔt | ˈzeː:ᵍ/ɟnət |
   di ˀeːrdə, | diː zo ˈdʊrstɪ⁽ᵏ⁾/ç ɪst, ‖
   das iːrən ˈdʊrst | zi balt fɛrˈgɪst. ‖
   ˀoː ˈfrɪʃər | ˈreː:ᵍ/ɟən, ‖   5
   duː ˈgɔtəszeː:ᵍ/ɟən!

2. ˀɛs reː:ᵍ/ɟnət! ‖
   ˈgɔt | ˈzɛː:ᵍ/ɟnət |

IV. IN GARTEN UND WIESE, HEIDE UND FELD.

Den hohen Baum, den kleinen Strauch
Und all' die tausend Blumen auch.
O frischer Regen,
Du Gottessegen!

3. Es regnet!
Gott segnet,
Was lebt und webt in weiter Welt;
Für jedes Tier ein Tröpflein fällt.
O frischer Regen,
Du Gottessegen!

4. Es regnet!
Gott segnet
Die Menschen alle väterlich;
Sein Himmelstau erquickt auch mich.
O frischer Regen,
Du Gottessegen!   Enslin.

---

12. Die Grasprinzessin.

Auf der Wiese, wo das grüne Gras steht und die bunten Blumen wachsen, lebt eine kleine Prinzessin in einem niedlichen Schlößchen, das so klein ist, daß selbst das Gras darüber herreicht. Wenn es Morgen ist, und die Sonne aufgeht und die Vögelchen aufwachen, dann wacht auch die kleine Prinzessin auf und springt munter aus ihrem kleinen Bettchen.

Darauf geht sie hin zum Tautröpfchen und sagt: „Ich will mich waschen;" und sogleich sagt die Blume: „Ich will dein Waschnäpfchen sein." Und wenn sie sich

IV ʼɪn ˈgartən | (ʼ)ʊnt ˈviːzə, ‖ ˈhaidə | (ʼ)ʊnt ˈfɛlt.   23

dən ˈhoːən | ˈbaum, ‖ dən ˈklainən | ˈʃtraux ‖
ʼʊnt ˈʼal | di ˈtauzənt | ˈbluːmən ʼaux. ‖   10
ʼoː ˈfrɪʃər | ˈreː ᵍ/ʲən, ‖
duː ˈgotəszeː ᵍ/ʲən!

3. ʼɛs ˈreː ᵍ/ʲnət! ‖
ˈgɔt | ˈzeː ᵍ/ʲnət, |
vas ˈleːpt | (ʼ)ʊnt ˈveːpt | (ʼ)ɪn ˈvaitər | ˈvɛlt; ‖   15
fyːr ˈjeːdəs | ˈtiːr | (ʼ)ain ˈtrøpflain fɛlt. ‖
ʼoː ˈfrɪʃər | ˈreː ᵍ/ʲən, ‖
duː ˈgotəszeː ᵍ/ʲən!

4. ʼɛs ˈreː ᵍ/ʲnət! ‖
ˈgɔt | ˈzeː ᵍ/ʲnət | 20
di ˈmenʃən ʼalə | ˈfɛːtərlɪç; ‖
zain ˈhɪməlstau | (ʼ)ɛr ˈkvɪkt | ʼaux ˈmɪç. ‖
ʼoː ˈfrɪʃər | ˈreː ᵍ/ʲən, ‖
duː ˈgotəszeː ᵍ/ʲən!   ʼənsliːn.

---

12. di ˈgraːsprɪntsɛsɪn.

ʼauf dər ˈviːzə, ‖ voː das gryːnə ˈgraːs ˈʃteːt | (ʼ)ʊnt di
buntən ˈbluːmən vaksən, ‖ leːpt ainə klainə prɪn ˈtsɛsɪn | (ʼ)ɪn
ainəm niːtlɪçən ˈʃlɔsçən, ‖ das zo ˈklain ɪst, | das zɛlpst das
ˈgraːs | daryːbər ˈhɛːrraiçt. ‖ vɛn ɛs ˈmɔrᵍ/ʲən ɪst, | (ʼ)ʊnt di 5
ˈzɔnə ʼaufgeːt | (ʼ)ʊnt di ˈføː ᵍ/ʲəlçən ʼaufvaxən, ‖ dan vaxt
ʼaux di klainə prɪn ˈtsɛsɪn ʼauf | (ʼ)ʊnt ʃprɪŋt ˈmʊntər | (ʼ)aus
iːrəm klainən ˈbɛtçən.

darauf geːt zi ˈhɪn | tsʊm ˈtautrøpfçən | (ʼ)ʊnt ˈzaːᵏ/ₓt: |
„ʼɪç vɪl mɪç ˈvaʃən;" ‖ ʼʊnt zo ˈglaiç | zaːᵏ/ₓt di ˈbluːmə: | 10
„ʼɪç vɪl dain ˈvaʃnɛpfçən zain." ‖ ʼʊnt vɛn zi zɪç

gewaschen hat, geht sie zum Brünnchen, das sagt: „Ich will dein Spiegelchen sein." Und wenn sie sich frisiert und geputzt hat und rein und schön ist, dann sagt das Blättchen: „Ich will dein Sonnenschirm sein." Die Prinzessin ist es zufrieden und geht auf der Wiese spazieren; da kommt der Schmetterling und sagt: „Du sollst nicht gehen; ich will dein Pferdchen sein." Und der Schmetterling nimmt sie auf seinen Rücken und fliegt auf die Blumen und auf die Halme und auf die Blätter und schaukelt sie so lange hin und her, bis sie müde und hungrig ist. Dann trägt er sie nach Hause. Nun bringt das Bienchen Honig auf ihren Tisch, und der Goldkäfer trägt ein goldenes Löffelchen herbei, womit sie ißt. Das lange grüne Gras macht ihr Schatten, und die Vöglein singen, daß sie schlafen kann, bis die Hitze vorüber ist. Curtman.

13. Ein schweres Rätsel.

Auf unsrer Wiese gehet was,
Watet durch die Sümpfe,
Es hat ein weißes Jäcklein an,
Trägt auch rote Strümpfe,
Fängt die Frösche schnapp wapp wapp,
Klappert lustig klapper di klapp —
Wer kann das erraten?

Ihr denkt, es ist der Klapperstorch,
Watet durch die Sümpfe,
Er hat ein weißes Jücklein an,
Trägt auch rote Strümpfe,

IV. ʼɪn ˈgartən | (ʼ)ʊnt ˈviːzə, ‖ ˈhaidə | (ʼ)ʊnt ˈfɛlt.

gəˈvaʃən hat, | geːt zi tsʊm ˈbrʏnçən, ‖ das ˈzaː$^k/_x$t: ‖ „ʼɪç vɪl dain ˈʃpiː⁹⁄ʝəlçən zain." ‖ ʼʊnt vɛn zi zɪç friˈziːrt | (ʼ)ʊnt gəˈpʊtst hat | (ʼ)ʊnt ˈrain | (ʼ)ʊnt ˈʃøːn ɪst, ‖ dan zaː$^k/_x$t das ˈblɛtçən: ‖ „ʼɪç vɪl dain ˈzɔnənʃɪrm zain." ‖ di prmˈtsɛsɪn | (ʼ)ɪst ɛs tsuˈfriːdən | (ʼ)ʊnt geːt auf dər ˈviːzə | ʃpaˈtsiːrən; ‖ da kɔmt dər ˈʃmɛtərlɪŋ | (ʼ)ʊnt ˈzaː$^k/_x$t: ‖ „du zɔlst nɪçt ˈgeːən, ‖ ʼɪç vɪl dain ˈpfɛːrtçən zain." ‖ ʼʊnt dər ˈʃmɛtərlɪŋ | nɪmt zi auf zainən ˈrʏkən | (ʼ)ʊnt fliː$^k/_ç$t auf di ˈbluːmən | (ʼ)ʊnt auf di ˈhalmə | (ʼ)ʊnt auf di ˈblɛtər ‖ ʼʊnt ˈʃaukəlt zi | zo ˈlaŋə | hɪn ʊnt ˈheːr, | bɪs zi ˈmyːdə | (ʼ)ʊnt ˈhʊŋrɪ$^{(k)}/_ç$ ɪst. ‖ dan treː$^k/_ç$t ɛr zi naːx ˈhauzə. ‖ nuːn brɪŋt das ˈbiːnçən | ˈhoːnɪ$^{(k)}/_ç$ auf iːrən tɪʃ, ‖ ʼʊnt dər ˈgɔltkɛːfər | treː$^k/_ç$t ain gɔldənəs ˈløfəlçən hɛrbai, ‖ vɔmɪt zi ˈʼɪst. ‖ das ˈlaŋə | ˈgrʏːnə | ˈgraːs | maxt iːr ˈʃatən, ‖ ʼʊnt di ˈføː⁹⁄ʝəlain | ˈzɪŋən, ‖ das zi ˈʃlafən kan, | bɪs di ˈhɪtsə | foˈrʏːbər ɪst. kurtman.

---

13. ʼain ˈʃveːrəs | ˈrɛːtsəl.

ʼauf ʊnzrər ˈviːzə | ˈgɛːət vas, ‖
ˈvaːtət | dʊrç di ˈzʏmpfə, ‖
ʼɛs hat ain ˈvaisəs | ˈjɛklain ʼan, ‖
ˈtreː$^k/_ç$t ʼaux | ˈroːtə | ˈʃtrʏmpfə, ‖
ˈfɛŋt | di ˈfrøʃə ‖ ˈʃnap | ˈvap | ˈvap, ‖
ˈklapərt | ˈlʊstɪ$^{(k)}/_ç$ ‖ ˈklapər | di ˈklap ‖ —
ˈveːr | kan das ɛrˈraːtən?

ʼiːr ˈdɛŋkt, ‖ ʼɛs ɪst dər ˈklapərʃtɔrç, ‖
ˈvaːtət | dʊrç di ˈzʏmpfə, ‖
ʼɛr hat ain ˈvaisəs | ˈjɛklain ʼan, ‖
ˈtreː$^k/_ç$t ʼaux | ˈroːtə | ˈʃtrʏmpfə, ‖

IV. IN GARTEN UND WIESE, HEIDE UND FELD.

> Fängt die Frösche schnapp wapp wapp,
> Klappert lustig klapper di klapp —
> Nein, nein, 's ist eine Störchin.
>
> Hoffmann von Fallersleben.

14. Der Frosch.

1. Der Frosch sitzt in dem Rohre,
   Der dicke, breite Mann,
   Und singt sein Abendliedchen,
   So gut er singen kann — quak! quak!

2. Er meint, es klingt gar herrlich,
   Könnt's niemand so wie er,
   Er bläst sich auf gewaltig,
   Meint wunder, was er wär' — quak! quak!

3. Mit seinem breiten Maule
   Fängt er sich Mücken ein,
   Guckt mit den dicken Augen
   Froh nach der Sonne Schein — quak! quak!

4. Das ist ein ewig Quaken;
   Er wird es nimmer müd',
   So lange noch ein Blümchen
   Im Wiesengrund nur blüht — quak! quak!

5. Herr Frosch, nur zu gesungen,
   Er ist ein lust'ger Mann;
   Im Lenz muß alles singen,
   So gut es singen kann — quak! quak!

Dieffenbach.

IV. ʾın ˈgartən | (ʾ)ʊnt ˈviːzə, ‖ ˈhaidə | (ʾ)ʊnt ˈfelt.

ˈfeŋt | di ˈfrəʃə ‖ ˈʃnap | ˈvap | ˈvap, ‖
ˈklapərt | ˈlʊstɪ⁽ᵏ⁾/ç ‖ ˈklapər | di ˈklap ‖ —
ˈnain, | ˈnain! ‖ sɪst ainə ˈʃtərçm.
                ˈhɔfman | fɔn ˈfalərsleːbən.

14. dər ˈfrɔʃ.

1. dər ˈfrɔʃ | zɪtst m dəm ˈroːrə, ‖
dər ˈdɪkə, | ˈbraitə | ˈman, ‖
ʾʊnt zɪŋt zain ʾaːbəntliːtçən, |
zo ˈguːt | (ʾ)er ˈzɪŋən | ˈkan ‖ — kvaːk! ˈkvaːk!

2. ʾɛr ˈmaint, | (ʾ)es ˈklɪŋt | gaːr ˈherlɪç, ‖
kənts ˈniːmant | ˈzoː | vi ʾeːr, ‖
ʾɛr bleːst zɪç ʾauf | gə ˈvaltɪ⁽ᵏ⁾/ç, ‖
maint ˈvʊndər, | vas ɛr ˈveːr ‖ — kvaːk! ˈkvaːk!

3. mɪt zainəm ˈbraiten | ˈmaulə |
feŋt er zɪç ˈmʏkən ʾain, ‖
ˈgʊkt | mɪt dən ˈdɪkən | ʾauə/gən |
ˈfroː | naːx dər ˈzɔnə | ˈʃain ‖ — kvaːk! ˈkvaːk!

4. das ɪst ain ʾeːvɪ⁽ᵏ⁾/ç | ˈkvaːkən; ‖
ʾɛr vɪrt es ˈnɪmər | ˈmyːt, ‖
zo ˈlaŋə | nɔx ain ˈblyːmcən |
(ʾ)ɪm ˈviːzəngrʊnt | nuːr ˈblyːt ‖ — kvaːk! ˈkvaːk!

5. her ˈfrɔʃ, | nuːr ˈtsuː | gəˈzʊŋən, ‖
ʾɛr ɪst ain ˈlʊstə/jər | ˈman; ‖
ʾɪm ˈlents | mʊs ʾaləs | ˈzɪŋən, |
zo ˈguːt | (ʾ)es ˈzɪŋən | ˈkan ‖ — kvaːk! ˈkvaːk!
                            diːfənbax.

15. Durchs Kornfeld.

1. Das ist ein köstlich Wallen,
Durchs hohe Korn zu gehn,
Wenn weit und breit die Felder
In goldnen Ähren stehn.
Auf allen Wegen blühen
Die Blumen rot und blau,
Nach mildem Regen pranget
In frischem Grün die Au.

2. Die Lerche steigt zum Himmel —
Horch, wie sie fröhlich singt!
Sie lobet Gott mit Jubeln,
Daß weithin es erklingt.
Hoch spannt der Regenbogen
Sich übers grüne Tal,
Die goldnen Ähren wogen
Im hellen Sonnenstrahl.

Dieffenbach.

---

16. Die Kornähren.

Ein Landmann ging mit seinem kleinen Sohne Tobias auf den Acker hinaus, um zu sehen, ob das Korn bald reif sei. „Vater, wie kommt's doch," sagte der Knabe, „daß einige Halme sich so tief zur Erde neigen, andere aber den Kopf so aufrecht tragen? Diese müssen wohl recht vornehm sein; die andern, die sich so tief vor ihnen bücken, sind gewiß viel schlechter?" Der Vater pflückte ein paar Ähren ab und sprach:

IV. ʔɪn ˈgartən | (ʔ)ʊnt ˈviːzə, ‖ ˈhaidə | (ʔ)ʊnt ˈfɛlt.

15. dʊrçs ˈkɔrnfɛlt.

1. das ɪst ain ˈkøstlɪç | ˈvalən, |
dʊrçs ˈhoːə | ˈkɔrn tsu geːn, ‖
vɛn ˈvait | (ʔ)ʊnt ˈbrait | di ˈfɛldər |
(ʔ)ɪn ˈgɔldnən | ˈʔɛːrən ʃteːn. ‖
ʔauf ˈʔalən | ˈveːᵍ/ʲən | ˈblyːən |
di ˈbluːmən | ˈroːt | (ʔ)ʊnt ˈblau, ‖
naːx ˈmɪldəm | ˈreːᵍ/ʲən | ˈpraŋət |
(ʔ)ɪn frɪʃəm ˈgryːn | di ˈʔau.

2. di ˈlɛrçə | ʃtaiᵏ/ᵩt tsʊm ˈhɪməl ‖ —
ˈhɔrç, | viː zi ˈfrøːlɪç | ˈzɪŋt! ‖
zi loːbət ˈgɔt | mɪt ˈjuːbəln, ‖
das ˈvaithɪn | (ʔ)ɛs ɛrˈklɪŋt. ‖
ˈhoːx | ʃpant dər ˈreːᵍ/ʲənboːᵍ/gən |
zɪç yːbərs ˈgryːnə | ˈtaːl, ‖
di gɔldnən ˈʔɛːrən | ˈvoːᵍ/gən |
(ʔ)ɪm helən ˈzɔnənʃtraːl.   diːfənbax.

---

16. di ˈkɔrnʔɛːrən.

ʔain ˈlantman | gɪŋ mɪt zainəm klàinən ˈzoːnə | toˈbiːas |
(ʔ)auf dən ˈʔakər hɪnaus, ‖ ʔʊm tsu ˈzeːən, | (ʔ)ɔp das ˈkɔrn |
balt ˈraif zai. ‖ „ˈfaːtər, | vi ˈkɔmts dɔx," | zaːᵏ/ₓtə dər
ˈknaːbə, ‖ „das ˈʔainɪᵍ/ʲə halmə | zɪç zo ˈtiːf | tsʊr ˈʔeːrdə
naiᵍ/ʲən, ‖ ˈʔandərə ʔaːbər | dən ˈkɔpf | zo ˈʔaufrɛçt traːᵍ/gən? ‖
ˈdiːzə | mʏsən voːl rɛçt ˈfɔːrneːm zain, ‖ di ˈʔandərn, | diː
zɪç zo ˈtiːf | foːr iːnən ˈbʏkən, | zɪnt gəˈvɪs | fiːl ˈʃlɛçtər?" ‖
dər ˈfaːtər | pflʏktə ain paːr ˈʔɛːrən | ˈʔap | (ʔ)ʊnt ˈʃpraːx: ‖

IV. IN GARTEN UND WIESE, HEIDE UND FELD.

„Sieh, diese Ähre hier, die sich so bescheiden neigte, ist voll der schönsten Körner; diese aber, die sich so stolz in die Höhe streckte, ist ganz taub und leer."
Schmid.

---

17. Heidenröslein.

1. Sah ein Knab' ein Röslein stehn,
  Röslein auf der Heiden,
  War so jung und morgenschön,
  Lief er schnell, es nah zu sehn,
  Sah's mit vielen Freuden.
  Röslein, Röslein, Röslein rot,
  Röslein auf der Heiden.

2. Knabe sprach: „Ich breche dich,
  Röslein auf der Heiden!"
  Röslein sprach: „Ich steche dich,
  Daß du ewig denkst an mich.
  Und ich will's nicht leiden!"
  Röslein, Röslein, Röslein rot,
  Röslein auf der Heiden.

3. Und der wilde Knabe brach
  's Röslein auf der Heiden;
  Röslein wehrte sich und stach,
  Half ihm doch kein Weh und Ach,
  Mußt' es eben leiden.
  Röslein, Röslein, Röslein rot,
  Röslein auf der Heiden.
Goethe.

IV. ʾɪn ˈgartən | (ʾ)ʊnt ˈviːzə, ‖ ˈhaidə | (ʾ)ʊnt ˈfɛlt.   31

„ˈziː, ‖ ˈdiːzə ʾɛːrə hiːr, ‖ diː zɪç zo bəˈʃaidən | ˈnaiᵏ/꜀tə, ‖
ʾɪst ˈfɔl | dər ˈʃøːnstən | ˈkørnər; ‖ ˈdiːzə ʾaːbər, ‖ diː zɪç zo
ˈʃtɔlts | (ʾ)m di ˈhøːə ʃtrɛktə, ‖ ʾɪst gants ˈtaup | (ʾ)ʊnt ˈleːr."
ʃmɪt.

17. ˈhaidənrøːslain.

1. ˈzaː | (ʾ)ain ˈknaːp | (ʾ)ain ˈrøːslain ʃteːn, ‖
   ˈrøːslain | (ʾ)auf dər ˈhaidən, ‖
   vaːr zo ˈjʊŋ | (ʾ)ʊnt ˈmɔrᵍ/ⱼ ənʃøːn, ‖
   ˈliːf | (ʾ)ɛr ˈʃnɛl, | (ʾ)ɛs ˈnaː tsu zeːn, |
   ˈzaːs | mɪt ˈfiːlən | ˈfrɔydən. ‖   5
   ˈrøːslain, ‖ ˈrøːslain, ‖ ˈrøːslain | ˈroːt, ‖
   ˈrøːslain | (ʾ)auf dər ˈhaidən.

2. ˈknaːbə | ˈʃpraːx: ‖ „ʾɪç ˈbrɛçə dɪç, |
   ˈrøːslain | (ʾ)auf dər ˈhaidən!" ‖
   ˈrøːslain ˈʃpraːx: ‖ „ʾɪç ˈʃtɛçə dɪç, | 10
   das du ˈʾeːvɪ⁽ᵏ⁾/꜀ | ˈdɛŋkst an mɪç, ‖
   ʾʊnt ɪç vɪls nɪçt ˈlaidən!" ‖
   ˈrøːslain, ‖ ˈrøːslain, ‖ ˈrøːslain | ˈroːt, ‖
   ˈrøːslain | (ʾ)auf dər ˈhaidən.

3. ʾʊnt dər ˈvɪldə | ˈknaːbə | ˈbraːx | 15
   s ˈrøːslain | (ʾ)auf dər ˈhaidən; ‖
   ˈrøːslain | ˈveːrtə zɪç | (ʾ)ʊnt ˈʃtaːx, ‖
   ˈhalf iːm dɔx | kain ˈveː | (ʾ)ʊnt ˈʾax, ‖
   mʊst ɛs ʾeːbən ˈlaidən. ‖
   ˈrøːslain, ‖ ˈrøːslain, ‖ ˈrøːslain | ˈroːt, ‖   20
   ˈrøːslain | (ʾ)auf dər ˈhaidən.   gøːtə.

18. Des Knaben Berglied.

1. Ich bin vom Berg der Hirtenknab',
Seh' auf die Schlösser all' herab;
Die Sonne strahlt am ersten hier,
Am längsten weilet sie bei mir;
Ich bin der Knab' vom Berge!

2. Hier ist des Stromes Mutterhaus,
Ich trink' ihn frisch vom Stein heraus;
Er braust vom Fels in wildem Lauf,
Ich fang' ihn mit den Armen auf;
Ich bin der Knab' vom Berge!

3. Der Berg, der ist mein Eigentum,
Da ziehn die Stürme rings herum;
Und heulen sie von Nord und Süd,
So überschallt sie doch mein Lied:
Ich bin der Knab' vom Berge!

4. Sind Blitz und Donner unter mir,
So steh' ich hoch im Blauen hier;
Ich kenne sie und rufe zu:
Laßt meines Vaters Haus in Ruh'!
Ich bin der Knab' vom Berge!

5. Und wann die Sturmglock' einst erschallt,
Manch Feuer auf den Bergen wallt,
Dann steig' ich nieder, tret' ins Glied
Und schwing' mein Schwert und sing' mein Lied:
Ich bin der Knab' vom Berge!

Uhland.

IV. ʔin ˈgartən | (ʔ)ʊnt ˈviːzə, ‖ ˈhaidə | (ʔ)ʊnt ˈfɛlt. 33

18. dəs ˈknaːbən | ˈbɛrk/ҫliːt.

1. ʔɪҫ bɪn fɔm ˈbɛrk/ҫ | dər ˈhɪrtənknaːp, ‖
   zeː auf di ˈʃləsər | ʔal | hɛˈrap; ‖
   di ˈʣɔnə | ʃtraːlt am ʔeːrstən hiːr, ‖
   ʔam ˈlɛŋstən | ˈvailət zi bai miːr; ‖
   ʔɪҫ bɪn dər ˈknaːp | fɔm ˈbɛrg/jə!   5

2. hiːr ɪst dəs ˈʃtroːməs | ˈmʊtərhaus, ‖
   ʔɪҫ trɪŋk iːn ˈfrɪʃ | fɔm ˈʃtain herauːs; ‖
   ʔɛr braust fɔm ˈfɛls | (ʔ)m vɪldəm ˈlauf, ‖
   ʔɪҫ faŋ iːn mɪt dən ʔarmən | ʔauf; ‖
   ʔɪҫ bɪn dər ˈknaːp | fɔm ˈbɛrg/jə!   10

3. dər ˈbɛrk/ҫ, | deːr ɪst main ʔaig/jəntuːm, ‖
   daː tsiːn di ˈʃtʏrmə | rɪŋs hɛˈrʊm; ‖
   ʔʊnt ˈhɔylən ziː | fɔn ˈnɔrt | (ʔ)ʊnt ˈzyːt, |
   zo yːbərˈʃalt zi dɔx | main ˈliːt: ‖
   ʔɪҫ bɪn dər ˈknaːp | fɔm ˈbɛrg/jə!   15

4. zɪnt ˈblɪts | (ʔ)ʊnt ˈdɔnər | ʔʊntər miːr, ‖
   zo ʃteː ɪҫ ˈhɔːx | (ʔ)ɪm ˈblauən hiːr; ‖
   ʔɪҫ ˈkɛnə ziː | (ʔ)ʊnt ruːfə ˈtsuːː ‖
   last mainəs ˈfaːtərs | ˈhaus | (ʔ)ɪn ˈruːː ‖
   ʔɪҫ bɪn dər ˈknaːp | fɔm ˈbɛrg/jə!   20

5. ʔʊnt van di ˈʃtʊrmglɔk | (ʔ)ainst ɛrˈʃalt, ‖
   manҫ ˈfɔyər | fɔn dən ˈbɛrg/jən valt, ‖
   dan ˈʃtaig/j ɪҫ ˈniːdər, | treːt ɪns ˈgliːt ‖
   ʔʊnt ʃvɪŋ main ˈʃveːrt | (ʔ)ʊnt zɪŋ main ˈliːt: ‖
   ʔɪҫ bɪn dər ˈknaːp | fɔm ˈbɛrg/jə!   ʔuːlant.   25

IV. IN GARTEN UND WIESE, HEIDE UND FELD.

19. Das Hirtenbüblein.

Es war einmal ein Hirtenbübchen, das war wegen seiner weisen Antworten, die es auf alle Fragen gab, weit und breit berühmt. Der König des Landes hörte auch davon, glaubte es nicht und ließ das Bübchen kommen. Da sprach er zu ihm: „Kannst du mir auf drei Fragen, die ich dir vorlegen will, Antwort geben, so will ich dich ansehen wie mein eigen Kind, und du sollst bei mir in meinem königlichen Schloß wohnen." Sprach das Büblein: „Wie lauten die drei Fragen?" Der König sagte: „Die erste lautet: wie viel Tropfen Wasser sind in dem Weltmeer?" Das Hirtenbüblein antwortete: „Herr König, laßt alle Flüsse auf der Erde verstopfen, damit kein Tröpflein mehr daraus ins Meer lauft, das ich nicht erst gezählt habe, so will ich Euch sagen, wie viel Tropfen im Meere sind." Sprach der König: „Die andere Frage lautet: wie viel Sterne stehen am Himmel?" Das Hirtenbübchen sagte: „Gebt mir einen großen Bogen weiß Papier!" und dann machte es mit der Feder so viel feine Punkte darauf, daß sie kaum zu sehen und fast gar nicht zu zählen waren und einem die Augen vergingen, wenn man darauf blickte. Darauf sprach es: „So viel Sterne stehen am Himmel, als hier Punkte auf dem Papier, zählt sie nur!" Aber niemand war dazu im stand. Sprach der König: „Die dritte Frage lautet: wie viel Sekunden hat die Ewigkeit?" Da sagte das Hirtenbüblein: „In Hinterpommern liegt der Demantberg, der hat eine Stunde in die Höhe, eine Stunde in die Breite und eine Stunde in die Tiefe; dahin kommt alle

IV. ʔin ˈgartən | (ʔ)ʊnt ˈviːzə, ‖ haidə | (ʔ)ʊnt ˈfɛlt.   35

19. das ˈhɪrtənbyːplain.

ʔɛs vaːr ainmaːl ain ˈhɪrtənbyːpçən, ‖ das vaːr veːᵍ/ⱼən
zainər ˈvaizən | ˈʔantvɔrtən, | diː ɛs auf ˈʔalə | ˈfraːᵍ/ᵍən gaːp, |
ˈvait | (ʔ)ʊnt ˈbrait | bəˈryːmt. ‖ dər ˈkøːnɪ⁽ᵏ⁾/ᶜ | dəs ˈlandəs |
høːrtə ˈʔaux dafɔn, ‖ ˈglauptə ɛs nɪçt | (ʔ)ʊnt liːs das byːpçən 5.
ˈkɔmən. ‖ da ˈʃpraːx ɛr tsu iːm: ‖ „kanst du miːr auf ˈdrai |
ˈfraːᵍ/ᵍən, | diː ɪç diːr ˈfoːrleːᵍ/ⱼən vɪl, | ˈʔantvɔrt geːbən, ‖ zo
vɪl ɪç dɪç ˈʔanzeːən | vi main ˈʔaiᵍ/ⱼən | ˈkɪnt, ‖ ʔʊnt du zɔlst.
bai miːr ɪn mainəm køːnɪ⁽ᵏ⁾/ᶜ liçən · ˈʃlɔs voːnən." ‖ ʃpraːx
das ˈbyːplain: ‖ „vi ˈlautən di drai fraːᵍ/ᵍən?" ‖ dər koːnɪ⁽ᵏ⁾/ᶜ 10.
ˈzaːᵏ/ₓtə: ‖ „di ˈʔeːrstə lautət: ‖ vi fiːl trɔpfən ˈvasər | zmt.
ɪn dəm ˈvɛltmeːr?" ‖ das hɪrtənbyːplain ˈʔantvɔrtətə: ‖ „hɛr
ˈkøːnɪ⁽ᵏ⁾/ᶜ, ‖ last ˈʔalə | ˈflʏsə | (ʔ)auf dər ˈʔeːrdə | fɛrˈʃtɔpfən, ‖
damɪt ˈkain | ˈtrɔpflain meːr daraus | (ʔ)ɪns ˈmeːr lauft, | das
ɪç nɪçt ʔeːrst gəˈtseːlt haːbə, ‖ zo vɪl ɪç ɔyç ˈzaːᵍ/ᵍən, | vi 15
fiːl ˈtrɔpfən ‖ (ʔ)ɪm ˈmeːrə zɪnt." ‖ ʃpraːx dər ˈkøːnɪ⁽ᵏ⁾/ᶜ: ‖ „di
ˈʔandərə fraːᵍ/ᵍə lautət: ‖ vi fiːl ˈʃtɛrnə | ʃteːən am ˈhɪməl?" ‖
das hɪrtənbyːpçən ˈzaːᵏ/ₓtə: ‖ „geːpt miːr ainən ˈgroːsən | ˈboːᵍ/ᵍən
| ˈvais | paˈpiːr!" ‖ ʔʊnt dan maxtə ɛs mɪt dər ˈfeːdər | zo
fiːl fainə ˈpʊŋktə darauf, | das zi kaum tsu ˈzeːən | (ʔ)ʊnt 20
fast gaːr nɪçt tsu ˈtseːlən vaːrən | (ʔ)ʊnt ainəm di ˈʔauᵍ/ᵍən
fɛrgɪŋən, | vɛn man darauf ˈblɪktə. ‖ darauf ˈʃpraːx ɛs: ‖ „zo
fiːl ˈʃtɛrnə ʃteːən | (ʔ)am ˈhɪməl, ‖ ʔals hiːr ˈpʊŋktə | (ʔ)auf
dəm paˈpiːr, ‖ ˈtseːlt zi nuːr!" ‖ ʔaːbər ˈniːmant | vaːr datsu
ɪm ˈʃtant. ‖ ʃpraːx dər ˈkøːnɪ⁽ᵏ⁾/ᶜ: ‖ „di ˈdrɪtə fraːᵍ/ᵍə lautət: ‖ 25
vi fiːl zeˈkʊndən | hat di ˈʔeːvɪ⁽ᵏ⁾/ᶜ kait?" ‖ da zaːᵏ/ₓtə das
ˈhɪrtənbyːplain: ‖ „ˈʔm ˈhɪntərpɔmərn | liːᵏ/ᶜt dər ˈdeːmantbɛrᵏ/ᶜ,
‖ deːr hat ainə ˈʃtʊndə | (ʔ)ɪn di ˈhøːə, ‖ ʔainə ˈʃtʊndə | (ʔ)ɪn di
ˈbraitə ‖ ʔʊnt ainə ˈʃtʊndə | (ʔ)ɪn di ˈtiːfə; ‖ dahɪn kɔmt ˈʔalə |

3*

hundert Jahr ein Vögelein und wetzt sein Schnäblein daran, und wenn der ganze Berg abgewetzt ist, dann ist die erste Sekunde von der Ewigkeit vorbei." :

Sprach der König: „Du hast die drei Fragen auf-
5 gelöst wie ein Weiser und sollst fortan bei mir in meinem königlichen Schlosse wohnen, und ich will dich ansehen wie mein eigenes Kind."

Brüder Grimm.

20. Juchhe!

1. Wie ist doch die Erde so schön, so schön!
  Das wissen die Vögelein;
  Sie heben ihr leicht Gefieder
  Und singen so fröhliche Lieder
5   In den blauen Himmel hinein.

2. Wie ist doch die Erde so schön, so schön!
  Das wissen die Flüss' und Seen;
  Sie malen in klarem Spiegel
  Die Gärten und Städt' und Hügel
10   Und die Wolken, die drüber gehn.

3. Und Sänger und Maler wissen's,
  Und es wissen's viel andere Leut';
  Und wer's nicht malt, der singt es,
  Und wer's nicht singt, dem klingt es
15   In dem Herzen vor lauter Freud'!

Reinick.

IV. ʔin ˈgartən | (ʔ)ʊnt ˈviːzɔ, ‖ ˈhaidə | (ʔ)ʊnt ˈfɛlt.

ˈhʊndərt | ˈjaːr | (ʔ)ain ˈføːᵍ/ⱼəlain | (ʔ)ʊnt ʀɛtst zain ˈʃnɛːblain daran, ‖ ʔʊnt vɛn dər ˈgantsə | ˈbɛrᵏ/ç | ˈʔapgəvɛtst ɪst, | dan ɪst di ˈʔeːrstə | zeˈkʊndə | fɔn dər ˈʔeːvɪ⁽ᵏ⁾/ç keit | foːrˈbai."

ʃpraːx dər ˈkøːnɪ⁽ᵏ⁾/ç : ‖ „du hast di drai ˈfraːᵍ/gən | ˈʔaufgəleːst viː ain ˈvaizər ‖ ʔʊnt zɔlst fɔrtˈʔan | bai miːr ɪn 5
mainəm køːnɪ⁽ᵏ⁾/ç lɪçən ˈʃlɔsə voːnən, ‖ ʔʊnt ɪç vɪl dɪç ˈʔanzeːən ‖ viː main ˈʔaiᵍ/ⱼənəs | ˈkɪnt."

bryːdər ˈgrɪm.

---

20. jʊxˈheː!

1. vi ɪst dɔx di ˈʔeːrdə | zo ˈʃøːn, | zo ˈʃøːn! ‖
   das ˈvɪsən | di ˈføːᵍ/ⱼəlain; ‖
   zi ˈheːbən | (ʔ)iːr ˈlaiçt | gəˈfiːdər |
   (ʔ)ʊnt ˈzɪŋən | zo ˈfrøːlɪçə | ˈliːdər |
   (ʔ)m dən ˈblauən | ˈhɪməl hɪnain. 5

2. vi ɪst dɔx di ˈʔeːrdə | zo ˈʃøːn, | zo ˈʃøːn! ‖
   das ˈvɪsən | di ˈflʏs | (ʔ)ʊnt ˈzeːn; ‖
   zi ˈmaːlən | (ʔ)ɪn ˈklaːrəm | ˈʃpiːᵍ/ⱼəl |
   di ˈgɛrtən | (ʔ)ʊnt ˈʃtɛ(ː)t | (ʔ)ʊnt ˈhyːgəl |
   (ʔ)ʊnt di ˈvɔlkən, | diː ˈdryːbər geːn. 10

3. ʔʊnt ˈzeŋər | (ʔ)ʊnt ˈmaːlər | ˈvɪsəns, ‖
   ʔʊnt ɛs ˈvɪsəns | ˈfiːl | ˈʔandərə ‖ ˈlɔyt. ‖
   ʔʊnt veːrs nɪçt ˈmaːlt, | deːr ˈzɪŋt ɛs, ‖
   ʔʊnt veːrs nɪçt ˈzɪŋt, | deːm ˈklɪŋt ɛs |
   (ʔ)m dəm ˈhɛrtsən | foːr ˈlautər | ˈfrɔyt! 15

rainɪk.

V.
Im Walde.

V.
Im Walde.

21. Im Walde möcht' ich leben.

1. Im Walde möcht' ich leben
Zur heißen Sommerzeit!
Der Wald, der kann uns geben
Viel Lust und Fröhlichkeit.

2. In seine kühlen Schatten
Winkt jeder Zweig und Ast;
Das Blümchen auf den Matten
Nickt mir: „Komm, lieber Gast!"

3. Wie sich die Vögel schwingen
Im hellen Morgenglanz!
Und Hirsch' und Rehe springen
So lustig, wie zum Tanz.

4. Von jedem Zweig und Reise
Hör' nur, wie's lieblich schallt!
Sie singen laut und leise:
„Kommt, kommt in grünen Wald!"

     Hoffmann von Fallersleben.

V.
ʔɪm ˈvaldə.

21. ʔɪm ˈvaldə | məçt ɪç ˈleːbən.

1. ʔɪm ˈvaldə | məçt ɪç ˈleːbən |
   tsʊr ˈhaisən | ˈzɔmərtsait! ‖
   dər ˈvalt, | deːr kan ʊns ˈgeːbən |
   fiːl ˈlʊst | (ʔ)ʊnt ˈfreːlɪçkait.

2. ʔɪn zainə ˈkyːlən | ˈʃatən |
   ˈvɪŋkt | ˈjeːdər | ˈtsvai$^k\!/_{\!\!\varsigma}$ | (ʔ)ʊnt ˈʔast; ‖
   das ˈblyːmçən | (ʔ)auf dən ˈmatən |
   ˈnɪkt miːr: ‖ „ˈkɔm, | liːbər ˈgast!"

3. viː zɪç di ˈføː$^g\!/_{\!j}$əl | ˈʃvɪŋən |
   (ʔ)ɪm ˈhɛlən | ˈmɔr$^g\!/_{\!j}$ənglants! ‖
   ʔʊnt ˈhɪrʃ | (ʔ)ʊnt ˈreːə | ˈʃprɪŋən |
   zo ˈlʊstɪ$^{(k)}\!/_{\!\varsigma}$ | vi tsʊm ˈtants.

4. fɔn ˈjeːdəm | ˈtsvai$^k\!/_{\!\varsigma}$ | (ʔ)ʊnt ˈraizə |
   ˈheːr nuːr, | viːs ˈliːplɪç | ˈʃalt! ‖
   zi ˈzɪŋən | ˈlaut | (ʔ)ʊnt ˈlaizə: ‖
   „ˈkɔmt, ‖ ˈkɔmt | (ʔ)ɪn ˈgryːnən | ˈvalt!"

               ˈhɔfman | fɔn ˈfalərsleːbən.

V. IM WALDE.

22. Gefunden.

1. Ich ging im Walde
 So für mich hin,
 Und nichts zu suchen,
 Das war mein Sinn.

2. Im Schatten sah ich
 Ein Blümchen stehn,
 Wie Sterne leuchtend,
 Wie Äuglein schön.

3. Ich wollt' es brechen,
 Da sagt' es fein:
 „Soll ich zum Welken
 Gebrochen sein?"

4. Ich grub's mit allen
 Den Würzlein aus,
 Zum Garten trug ich's
 Am hübschen Haus

5. Und pflanzt' es wieder
 Am stillen Ort;
 Nun zweigt es immer
 Und blüht so fort.   Goethe.

---

23. Vom Bäumlein, das andere Blätter hat gewollt.

1. Es ist ein Bäumlein gestanden im Wald,
 In gutem und schlechtem Wetter;
 Das hat von unten bis oben
 Nur Nadeln gehabt statt Blätter;

V. ʼɪm ˈvaldə.

22. gəfʊndən.

1. ʼɪç ˈgɪŋ | (ʼ)ɪm ˈvaldə |
   zo fyːr mɪç ˈhɪn, ‖
   ʼʊnt ˈnɪçts | tsu ˈzuːxən, ‖
   das vaːr main ˈzɪn.

2. ʼɪm ˈʃatən | ˈzaː ɪç |
   (ʼ)ain ˈblyːmçən ʃteːn, ‖
   vi ˈʃtɛrnə | ˈlɔyçtənt, ‖
   vi ˈɔyᵏ/꜀lain | ˈʃeːn.

3. ʼɪç vɔlt ɛs ˈbrɛçən, ‖
   da ˈzaːᵏ/ₓt ɛs | ˈfain: ‖
   „zɔl ɪç tsʊm ˈvɛlkən |
   gəˈbrɔxən zain?"

4. ʼɪç ˈgruːps | mɪt ˈʼalən |
   dən ˈvʏrtslain | ˈʼaus, ‖
   tsʊm ˈgartən | ˈtruːᵏ/ₓ ɪçs ‖
   ʼam ˈhʏpʃən | ˈhaus ‖

5. ʼʊnt ˈpflantst ɛs | ˈviːdər ‖
   ʼam ˈʃtɪlən | ˈʼɔrt; ‖
   nuːn ˈtsvaiᵏ/꜀t ɛs | ˈʼɪmər ‖
   ʼʊnt ˈblyːt | zoː ˈfɔrt.   geːtə.

---

23. fɔm ˈbɔymlain, | das ˈʼandərə | ˈblɛtər hat gəvɔlt.

1. ʼɛs ɪst ain ˈbɔymlain gəʃtandən | (ʼ)ɪm ˈvalt, ‖
   ʼm ˈguːtəm | (ʼ)ʊnt ˈʃlɛçtəm | ˈvɛtər; ‖
   das hat fɔn ˈʼʊntən | bɪs ˈʼoːbən |
   nuːr ˈnaːdəln gəhaːpt | ʃtat ˈblɛtər;

Die Nadeln, die haben gestochen,
Das Bäumlein, das hat gesprochen:

2. „Alle meine Kameraden
Haben schöne Blätter an,
Und ich habe nur Nadeln,
Niemand rührt mich an:
Dürft' ich wünschen, wie ich wollt',
Wünscht' ich mir Blätter von lauter Gold."

3. Wie's Nacht ist, schläft das Bäumlein ein,
Und früh ist's aufgewacht;
Da hat es goldene Blätter fein,
Das war eine Pracht!
Das Bäumlein spricht: „Nun bin ich stolz;
Goldne Blätter hat kein Baum im Holz."

4. Aber wie es Abend ward,
Ging der Jude durch den Wald,
Mit großem Sack und großem Bart,
Der sieht die goldnen Blätter bald:
Er steckt sie ein, geht eilends fort
Und läßt das leere Bäumlein dort.

5. Das Bäumlein spricht mit Grämen:
„Die goldnen Blätter dauern mich;
Ich muß vor den andern mich schämen,
Sie tragen so schönes Laub an sich;
Dürft' ich mir wünschen noch etwas,
So wünscht' ich mir Blätter von hellem Glas."

6. Da schlief das Bäumlein wieder ein,
Und früh ist's wieder aufgewacht;

V. ʼɪm ˈvaldə.

di ˈnaːdəln, ‖ di haːbən gəˈʃtɔxən, ‖
das ˈbɔymlain, ‖ das hat gəˈʃprɔxən:

2. „ʼalə | mainə kaməˈraːdən |
haːbən ˈʃøːnə | ˈblɛtər ʼan, ‖
ʼʊnt ˈʼɪç | haːbə nuːr ˈnaːdəln, ‖
ˈniːmant | ryːrt mɪç ˈʼan; ‖
dʏrft ɪç ˈvʏnʃən, | viː ɪç ˈvɔlt, ‖
vʏnʃt ɪç miːr ˈblɛtər | fɔn ˈlautər | ˈgɔlt."

3. viːs ˈnaxt ɪst, | ʃlɛft das bɔymlain ˈʼain, ‖
ʼʊnt ˈfryː | (ʼ)ɪsts ˈʼaufgəvaxt; ‖
da hat es ˈgɔldənə | ˈblɛtər fain, ‖
das vaːr ainə ˈpraxt! ‖
das bɔymlain ˈʃprɪçt: ‖ „nuːn | bɪn ɪç ˈʃtɔlts! ‖
ˈgɔldənə | ˈblɛtər | hat ˈkain | ˈbaum | (ʼ)ɪm ˈhɔlts."

4. ʼaːbər viː ɛs ˈʼaːbənt vart, ‖
gɪŋ dər ˈjuːdə | dʊrç dən ˈvalt, ‖
mɪt groːsəm ˈzak | (ʼ)ʊnt groːsəm ˈbaːrt, ‖
deːr ˈziːt | di ˈgɔldnən | ˈblɛtər | ˈbalt; ‖
ʼɛr ʃtɛkt zi ˈʼain, ‖ geːt ˈʼailənts | ˈfɔrt ‖
ʼʊnt lɛst das ˈleːrə | ˈbɔymlain | ˈdɔrt.

5. das ˈbɔymlain | ʃprɪçt mɪt ˈgreːmən: ‖
„di ˈgɔldnən | ˈblɛtər | ˈdauərn mɪç; ‖
ʼɪç mʊs foːr dən ˈʼandərn | mɪç ˈʃɛːmən, ‖
zi ˈtraːɡ/gən | zo ˈʃøːnəs | ˈlauf an zɪç; ‖
dʏrft ɪç miːr ˈvʏnʃən | ˈnɔx ʼɛtvas, ‖
zo vʏnʃt ɪç miːr ˈblɛtər | fɔn ˈhɛləm | ˈglaːs."

6. da ʃliːf das ˈbɔymlain | viːdər ˈʼain, ‖
ʼʊnt ˈfryː | (ʼ)ɪsts viːdər ˈʼaufgəvaxt; ‖

V. IM WALDE.

Da hat es glasene Blätter fein,
Das war eine Pracht!
35 Das Bäumlein spricht: „Nun bin ich froh;
Kein Baum im Walde glitzert so."

7. Da kam ein großer Wirbelwind
Mit einem argen Wetter,
Der fährt durch alle Bäume geschwind
40 Und kommt an die glasenen Blätter;
Da lagen die Blätter von Glase
Zerbrochen in dem Grase.

8. Das Bäumlein spricht mit Trauern:
„Mein Glas liegt in dem Staub,
45 Die andern Bäume dauern
Mit ihrem grünen Laub;
Wenn ich mir noch was wünschen soll,
Wünsch' ich mir grüne Blätter wohl!"

9. Da schlief das Bäumlein wieder ein,
50 Und wieder früh ist's aufgewacht;
Da hat es grüne Blätter fein,
Das Bäumlein lacht
Und spricht: „Nun hab' ich doch Blätter auch,
Daß ich mich nicht zu schämen brauch'."

55 10. Da kommt mit vollem Euter
Die alte Geiß gesprungen;
Sie sucht sich Gras und Kräuter
Für ihre Jungen;
Sie sieht das Laub und fragt nicht viel,
60 Sie frißt es ab mit Stumpf und Stiel.

V. ʼɪm ˈvaldə.

da hat ɛs ˈglaːzənə | ˈblɛtər faɪn, ‖
das vaːr aɪnə ˈpraxt! ‖
das bɔymlaɪn ˈʃprɪçt: ‖ „ˈnuːn | bɪn ɪç ˈfroː; ‖
ˈkaɪn | ˈbaum | (ˀ)ɪm ˈvaldə | ˈglɪtsərt zoː."

7. da ˈkaːm | (ˀ)aɪn ˈgroːsər | ˈvɪrbəlvɪnt |
mɪt aɪnəm ˈˀar 9/jən | ˈvɛtər, ‖
deːr ˈfɛːrt | durç ˈˀalə | ˈbɔymə | gəˈʃvɪnt |
(ˀ)ʊnt kɔmt an di ˈglaːzənən | ˈblɛtər; ‖
da ˈlaː 9/gən | di ˈblɛtər | fɔn ˈglaːzə |
tsɛrˈbrɔxən | (ˀ)ɪn dəm ˈgraːzə.

8. das ˈbɔymlaɪn | ˈʃprɪçt mɪt ˈtraʊərn: ‖
„maɪn ˈglaːs | liːk/çt ɪn dəm ˈʃtaʊp, ‖
di ˈˀandərn bɔymə | ˈdaʊərn |
mɪt iːrəm ˈgryːnən | ˈlaʊp; ‖
vɛn ɪç miːr ˈnɔx vas | ˈvʏnʃən zɔl,
vʏnʃ ɪç miːr ˈgryːnə | ˈblɛtər voːl!"

9. da ʃliːf das ˈbɔymlaɪn | viːdər ˈˀaɪn, ‖
ˀʊnt ˈviːdər | ˈfryː | (ˀ)ɪsts ˈˀaʊfgəvaxt; |
da hat ɛs ˈgryːnə | ˈblɛtər faɪn, ‖
das ˈbɔymlaɪn | ˈlaxt |
(ˀ)ʊnt ˈʃprɪçt: ‖ „ˈnuːn haːb ɪç dɔx | ˈblɛtər | ˈˀaʊx, ‖
das ɪç mɪç nɪçt tsu ˈʃɛːmən braʊx."

10. da ˈkɔmt | mɪt ˈfɔləm | ˈˀɔytər |
di ˈˀaltə | ˈgaɪs gəˈʃprʊŋən; ‖
zi zuːxt zɪç ˈgraːs | (ˀ)ʊnt ˈkrɔytər |
fyːr iːrə ˈjʊŋən; ‖
zi ˈziːt | das ˈlaʊp | (ˀ)ʊnt ˈfraːk/xt nɪçt fiːl, ‖
zi frɪst ɛs ˈˀap | mɪt ˈʃtʊmpf | (ˀ)ʊnt ˈʃtiːl.

11. Da war das Bäumlein wieder leer,
    Es sprach nun zu sich selber:
    „Ich begehre nun keiner Blätter mehr,
    Weder grüner, noch roter, noch gelber!
    Hätt' ich nur meine Nadeln,
    Ich wollte sie nicht tadeln."

12. Und traurig schlief das Bäumlein ein,
    Und traurig ist es aufgewacht;
    Da besieht es sich im Sonnenschein
    Und lacht und lacht!
    Alle Bäume lachen's aus;
    Das Bäumlein macht sich aber nichts draus.

13. „Warum hat's Bäumlein denn gelacht
    Und warum denn seine Kameraden?" —
    „Es hat bekommen in einer Nacht
    Wieder alle seine Nadeln,
    Daß jedermann es sehen kann;
    Geh 'naus, sieh's selbst, doch rühr's nicht an!"
    „Warum denn nicht?" —
    „Weil's sticht."   Rückert.

---

24. Rätsel.

Ein Männlein steht im Walde
Ganz still und stumm,
Es hat von lauter Purpur
Ein Mäntlein um.
Sagt, wer mag das Männlein sein,
Das da steht im Wald allein
Mit dem purpurroten Mäntelein?

V. 'ɪm 'valdə.

11. da vaːr das 'bɔymlain | viːdər 'leːr, ‖
 ˀɛs 'ʃpraːx nuːn | tsu zɪç 'zɛlbər: ‖
 „ˀɪç bəgeːrə nuːn 'kainər | 'blɛtər meːr, ‖
 veːdər 'gryːnər, | nɔx 'roːtər, | nɔx 'gɛlbər! ‖
 'hɛt ɪç nuːr | mainə 'naːdəln, ‖
 ˀɪç vɔltə zi nɪçt 'taːdəln."

12. ˀʊnt 'traurɪ⁽ᵏ⁾/ç | ʃliːf das bɔymlain "ˀain, ‖
 ˀʊnt 'traurɪ⁽ᵏ⁾/ç | (ˀ)ɪst ɛs "ˀaufgəvaxt; ‖
 da bə'ziːt ɛs zɪç | (ˀ)ɪm 'zɔnənʃain |
 (ˀ)ʊnt 'laxt | (ˀ)ʊnt 'laxt! ‖
 "ˀalə | 'bɔymə | laxəns "ˀaus; ‖
 das 'bɔymlain | 'maxt zɪç ˀaːbər nɪçts draus.

13. „va'rʊm | hats bɔymlain dɛn gə'laxt ‖
 ˀʊnt va'rʊm dɛn | zainə kamə'raːdən?" ‖ —
 „ˀɛs hat bə'kɔmən | (ˀ)m "ˀainər | 'naxt |
 viːdər "ˀalə | zainə 'naːdəln, ‖
 das 'jeːdərman | (ˀ)ɛs 'zeːən kan; ‖
 geː 'naus, ‖ ziːs 'zɛlpst, ‖ dɔx 'ryːrs | nɪçt "ˀan!"
 „va'rʊm dɛn nɪçt?" ‖
 „vails 'ʃtɪçt." rʏkərt.

---

24. reːtsəl.

ˀain 'mɛnlain | ʃteːt ɪm 'valdə |
gants 'ʃtɪl | (ˀ)ʊnt 'ʃtʊm, ‖
ˀɛs hat fɔn 'lautər | 'pʊrpʊr |
(ˀ)ain 'mɛntlain ˀʊm. ‖
'zaː:ᵏ/ₓt, ‖ 'veːr | maː:ᵏ/ₓ das 'mɛnlain zain, ‖
das da 'ʃteːt | (ˀ)ɪm 'valt | ˀa'lain |
mɪt dəm 'pʊrpʊrroːtən | 'mɛntəlain?

Das Männlein steht im Walde
Auf einem Bein
Und hat auf seinem Haupte
Schwarz Käpplein klein.
Sagt, wer mag das Männlein sein,
Das da steht im Wald allein
Mit dem kleinen schwarzen Käppelein?

Das Männlein dort auf einem Bein,
Mit seinem roten Mäntelein
Und seinem schwarzen Käppelein,
Kann nur die Hagebutte sein!
Hoffmann von Fallersleben.

---

25. Das Abenteuer im Walde.

Es regnete, was vom Himmel herunter wollte. Die Tannen schüttelten den Kopf und sagten zu einander: „Wer hätte am Morgen gedacht, daß es so kommen würde!" Es tropfte von den Bäumen auf die Sträucher, von den Sträuchern auf das Farnkraut und lief in unzähligen kleinen Bächen zwischen dem Moose und den Steinen. Am Nachmittag hatte der Regen angefangen, und nun wurde es schon dunkel, und der Laubfrosch, der vor dem Schlafengehen noch einmal nach dem Wetter sah, sagte zu seinem Nachbar: „Vor morgen früh wird es nicht aufhören."

Derselben Ansicht war eine Ameise, die bei diesem Wetter im Walde spazieren ging. Sie war am Vormittag

V. ʾɪm ˈvaldə.

das ˈmɛnlain | ʃteːt ɪm ˈvaldə |
(ʾ)auf ʾainəm | ˈbain ‖
ʾʊnt hat auf zainəm ˈhauptə |
ˈʃvarts | ˈkɛplain | ˈklain. ‖
ˈzaːᵏ/ₓt, ‖ ˈveːr | maːᵏ/ₓ das ˈmɛnlain zain, ‖
das da ˈʃteːt | (ʾ)ɪm ˈvalt | ʾaˈlain ‖
mɪt dəm ˈklainən | ˈʃvartsən | ˈkɛpəlain?

das ˈmɛnlain dɔrt | (ʾ)auf ʾainəm | ˈbain, ‖
mɪt zainəm ˈroːtən | ˈmɛntəlain |
(ʾ)ʊnt zainəm ˈʃvartsən | ˈkɛpəlain, ‖
kan nuːr di ˈhaːᵍ/ᵍəbutə zain!
     ˈhofman | fɔn ˈfaləɾsleːben.

25. das ˈʾaːbəntɔyər | (ʾ)ɪm ˈvaldə.

ʾɛs ˈreːᵍ/ⱼnətə, | vas fɔm ˈhɪməl herʊntər vɔltə. ‖ di
ˈtanən | ʃʏtəltən dən ˈkɔpf | (ʾ)ʊnt ˈzaːᵏ/ₓtən tsu ainandər: ‖
„ˈveːr | hɛtə am ˈmɔrᵍ/ⱼən | ˈɡədaxt, | das ɛs ˈzoː | ˈkɔmən
vʏrdə!" ‖ ʾɛs ˈtrɔpftə | fɔn dən ˈbɔymən | (ʾ)auf di ˈʃtrɔyçər, ‖
fɔn dən ˈʃtrɔyçərn | (ʾ)auf das ˈfarnkraut ‖ ʾʊnt ˈliːf | (ʾ)ɪn
ʾʊnˈtseːlɪᵍ/ⱼən | klainən ˈbɛçən | tsvɪʃən dəm ˈmoːzə | (ʾ)ʊnt dən
ˈʃtainən. ‖ ʾam ˈnaːxmɪtaːᵏ/ₓ | hatə dər reːᵍ/ⱼən ʾangəfaŋən, ‖
ʾʊnt nuːn vʊrdə ɛs ʃoːn ˈdʊŋkəl, ‖ ʾʊnt dər ˈlaupfrɔʃ, ‖
deːr foːr dəm ˈʃlaːfəŋeːən | nɔx ainmaːl naːx dəm ˈvɛtər |
ˈzaː, ‖ zaːᵏ/ₓtə tsu zainəm ˈnaxbaːr: ‖ „ˈfoːr | mɔrᵍ/ⱼən ˈfryː |
vɪrt ɛs nɪçt ˈʾaufheːrən."

dərˈzɛlbən | ˈʾanzɪçt | vaːr ainə ˈʾaːmaizə, ‖ di bai diːzəm
ˈvɛtər | (ʾ)ɪm valdə ʃpaˈtsiːrən gɪŋ. ‖ zi vaːr am ˈfoːrmɪtaːᵏ/ₓ |

mit Eiern in Tannenberg auf dem Markte gewesen und trug jetzt das dafür gelöste Geld in einem kleinen blauen Leinwandbeutel nach Hause. Bei jedem Schritte seufzte und jammerte sie. „Das Kleid ist hin," sagte sie, „und der Hut auch! Hätt' ich nur den Regenschirm nicht stehen lassen, oder hätt' ich wenigstens die Überschuhe angezogen! Aber mit Zeugschuhen in solchem Regen ist gar kein Weiterkommen!"

Während sie so sprach, sah sie gerade vor sich in der Dämmerung einen großen Pilz. Freudig ging sie darauf zu. „Das paßt," rief sie, „das ist ja ein Wetterdach, wie man es sich nicht besser wünschen kann. Hier bleib' ich, bis es aufhört zu regnen. Wie es scheint, wohnt hier niemand — desto besser! Ich werde mich sogleich häuslich einrichten!" Das tat sie denn auch. — Sie war eben daran, das Regenwasser aus den Schuhen zu gießen, als sie bemerkte, daß draußen eine kleine Grille stand, die auf dem Rücken ihr Violinchen trug.

„Hör, Ameischen," hub die Grille an, „ist es erlaubt, hier unterzutreten?" — „Nur immer herein!" erwiderte die Ameise; „es ist mir lieb, daß ich Gesellschaft bekomme." — „Ich habe heute," sagte die Grille, „im Heidekrug zur Kirmes aufgespielt. Es ist ein bißchen spät geworden, und nun freue ich mich, daß ich hier die Nacht bleiben kann; denn das Wetter ist ja schrecklich, und wer weiß, ob ich noch ein Wirtshaus offen finde."

Also trat Grillchen ein, hing sein Violinchen auf und setzte sich zu der Ameise. Noch nicht lange saßen sie da, als sie in der Ferne ein Lichtchen schimmern sahen. Als es näher kam, erkannten sie es als ein Laternchen,

V. ˀım ˈvaldə.

mıt ˈˀaiərn | (ˀ)ın ˈtanənberᵏ/꜀ |(ˀ)auf dəm ˈmarktə gəveːzən ‖
ˀunt truːᵏ/ₓ ˈjɛtst | das dafyːr gəˈlɛistə | ˈgɛlt | (ˀ)ın ainəm
ˈklainən | ˈblauen | ˈlainvantbɔytəl | naːx ˈhauzə. ‖ bai ˈjeːdəm |
ˈʃrıtə | ˈzɔyftstə | (ˀ)unt ˈjamərtə ziː. ‖ „das ˈklait | (ˀ)ıst ˈhın,“ |
ˈzaːᵏ/ₓtə ziː, ‖ „ˀunt dər ˈhuːt | ˈˀaux! ‖ hɛt ıç nuːr dən ˈreːᵍ/ⱼon- 5
ʃırm nıçt ʃteːən lasən, ‖ ˀoːdər hɛt ıç veːnıᵏ/꜀ stəns di
ˈˀyːbərʃuːə ˀangətsoːᵍ/ₖən! ‖ ˀaːbər mıt ˈtsɔyᵏ/꜀ ʃuːən | (ˀ)ın
ˈzɔlçəm | ˈreːᵍ/ⱼən | (ˀ)ıst gaːr kain ˈvaitərkɔmən!“
    veːrənt zi ˈzoː | ˈʃpraːx, | zaː zi gəraːdə ˈfɔːr zıç | (ˀ)ın
dər ˈdɛməruŋ | (ˀ)ainən ˈgroːsən | ˈpılts. ‖ ˈfrɔydıᵏ/꜀ | gıŋ zi 10
darauf ˈtsuː. ‖ „ˈdas | ˈpast,“ ‖ ˈriːf ziː, ‖ „das ıst ja ain ˈvɛtər-
dax, | viː man ɛs zıç nıçt ˈbesər | ˈvynʃən kan. ‖ hiːr
ˈblaib ıç, | bıs ɛs ˈˀaufhøːrt | tsu ˈreːᵍ/ⱼnən. ‖ viː ɛs ˈʃaint, |
ˈvɔːnt hiːr niːmant ‖ — dɛsto ˈbɛsər! ‖ ˀıç veːrdə mıç
zoˈglaiç | ˈhɔyslıç | ˈˀainrıçtən!“ ‖ das ˈtaːt zi dɛn ˀaux. ‖ — 15
zi vaːr ˀeːbən daˈran, | das ˈreːᵍ/ⱼənvasər | (ˀ)aus dən ˈʃuːən
tsu giːsən, ‖ ˀals zi bəˈmɛrktə, | das ˈdrausən | (ˀ)ainə klainə
ˈgrıllə ʃtant, ‖ diː auf dem ˈrykən | (ˀ)iːr vioˈliːnçən truːᵏ/ₓ. ‖
„heːr, | ˈˀaːmaisçən,“ ‖ huːp di grıllə ˈˀan, ‖ „ˀıst ɛs ɛrˈlaupt, |
hiːr ˈˀuntərtsutreːtən?“ ‖ — „nuːr ˀımər heˈrain!“ ‖ ˀɛrviːdərtə 20
di ˈˀaːmaizə; ‖ „ˀɛs ıst miːr ˈliːp, | das ıç gəˈzɛlʃaft bəkɔmə.“ ‖
— „ˀıç haːbə ˈhɔytə,“ ‖ zaːᵏ/ₓ tə di ˈgrıllə, ‖ „ˀım ˈhaidəkruːᵏ/ₓ |
tsur ˈkırməs ˀaufgəʃpiːlt. ‖ ˀɛs ıst ain bısçən ˈʃpɛːt gəvɔrdən, ‖
ˀunt nuːn ˈfrɔyə ıç mıç, | das ıç hiːr di ˈnaxt | ˈblaibən
kan; ‖ dɛn das ˈvɛtər | (ˀ)ıst ja ˈʃrɛklıç, ‖ ˀunt veːr ˈvaiʂ, | 25
(ˀ)ɔp ıç nɔx ain ˈvırtshaus | ˈˀɔfən fındə.“
    ˈˀalzoː | traːt ˈgrılçən | ˈˀain, ‖ hıŋ zain vioˈliːnçən ˀauf |
(ˀ)unt ˈzɛtstə zıç | tsu dər ˈˀaːmaizə. ‖ nɔx nıçt ˈlaŋə | ˈzaːsən
zi daː, ‖ ˀals zi ın dər ˈfɛrnə | (ˀ)ain ˈlıçtçən ʃımərn zaːən. ‖
ˀals ɛs ˈneːər kaːm, | (ˀ)ɛrkantən zi ɛs als ain laˈtɛrnçən, | 30

das ein Johanniswürmchen in der Hand trug. „Ich bitt'
euch," sagte das Johanniswürmchen höflich grüßend,
„laßt mich die Nacht hier bleiben! Ich wollte eigentlich
nach Moosbach zu meinem Vetter, habe mich aber im
Walde verirrt und weiß weder aus noch ein." — „Nur
immer zu!" sagten die beiden, „es ist recht gut für
uns, daß wir Beleuchtung bekommen." Gern folgte Johannis-
würmchen der Einladung und stellte sein Laternchen auf
den Tisch. Der Schein des Lichtchens führte ihnen bald einen
Wanderer zu, der ziemlich ungeschickt über Laub und
Moos herangestolpert kam. Es war ein Käfer von der
großen Art. Ohne guten Abend zu sagen, trat er ein.
„Aha!" rief er, „so bin ich doch recht gegangen, und
dies ist die Zimmergesellen-Herberge." — Mit diesen Worten
setzte er sich, holte seinen Schnappsack hervor und begann
sein Abendbrot zu verzehren. „Ja, ja," sagte er,
„wenn man den ganzen Tag über Holz gebohrt hat, dann
schmeckt das Essen." Als er mit dem Essen fertig war,
stopfte er sich seine Pfeife, ließ sich vom Johanniswürmchen
Feuer geben, zündete an und fing an, ganz gemüt-
lich zu rauchen. Unterdessen war es draußen ganz dunkel
geworden und das Wetter schlimmer als vorher, da traf
zu allgemeiner Verwunderung noch ein später Gast ein.
Schon seit längerer Zeit hörte man in der Ferne ein
eigentümliches Schnaufen; dies kam langsam näher und
näher, und endlich erschien unter dem Pilze eine
Schnecke, die ganz außer Atem war. „Das nenne ich laufen!"
rief sie; „wie bin ich gejagt, ordentlich das Milzstechen
hab' ich bekommen. Ich will nur gleich bemerken, daß
ich im nächsten Dorfe eine Bestellung zu machen habe,

V. ˀɪm ˈvaldə.

das ain jo ˈhanɪsvʏrmçən | (ˀ)ɪn dər ˈhant truː^k/_x. ‖ „ˀɪç ˈbɪt
ɔyç,‟ ‖ zaː^k/_xtə das jo ˈhanɪsvʏrmçən | ˈhøːflɪç | ˈgryːsənt, ‖
„last mɪç di ˈnaxt | ˈhiːr blaibən! ‖ ˀɪç vɔltə ˀaiɡ/ɉəntlɪç |
naːx ˈmɔːsbax | tsu mainəm ˈfɛtər, ‖ haːbə mɪç ˀaːbər ɪm
ˈvaldə | fɛr ˈˀɪrt | (ˀ)unt vais veːdər ˀaus | nɔx ˀain.‟ ‖ — „nuːr 5
ˀɪmər ˈtsuː!‟ ‖ zaː^k/_xtən di ˈbaidən, ‖ „ˀɛs ɪst rɛçt ˈguːt fyːr
uns, | das viːr bə ˈlɔyçtuŋ bəkɔmən.‟ ‖ ˈgɛrn | fɔl^k/_ҫtə jo ˈhanɪs-
vʏrmçən | dər ˀainlaːduŋ | (ˀ)unt ʃtɛltə zain la ˈtɛrnçən | (ˀ)auf
dən ˈtɪʃ. ‖ dər ˈʃain | dəs ˈlɪçtçəns | fyːrtə iːnən ˈbalt | (ˀ)ainən
ˈvandərər tsuː, ‖ deːr ˈtsiːmlɪç | ˀungəʃɪkt | (ˀ)yːbər ˈlaup | (ˀ)unt 10
ˈmɔːs | hɛ ˈrangəʃtɔlpərt kaːm. ‖ ˀɛs vaːr ain ˈkɛːfər | fɔn dər
ˈgrɔːsən | ˀart. ‖ ˀɔːnə | guːtən ˀaːbənt tsu zaːɡ/ɉən, | traːt ɛr ˀain. ‖
„ˀa ˈhaː!‟ ‖ ˈriːf ɛr, ‖ „zo bɪn ɪç ˈdɔx | ˈrɛçt gəgaŋən, | (ˀ)unt
ˈdiːs ɪst di | ˈtsmərgəzɛlən-hɛrbərɡ/ɉə.‟ ‖ — mɪt diːzən ˈvɔrtən |
ˈzɛtstə ɛr zɪç, ‖ hɔːltə zainən ˈʃnapzak hɛrfɔːr ‖ ˀunt bəgan 15
zain ˀaːbəntbrɔːt tsu fɛrtsɛːrən. ‖ „ja, ˈjaː,‟ ‖ ˈzaː^k/_xtə ɛr, ‖
„vɛn man dən ˈgantsən | ˈtaː^k/_x ˀyːbər | ˈhɔlts gəbɔːrt hat, ‖ dan
ˈʃmɛkt | das ˀɛsən.‟ ‖ ˀals ɛr mɪt dəm ˀɛsən | ˈfɛrtɪ^(k)/_ҫ vaːr, ‖
ʃtɔpftə ɛr zɪç zainə ˈpfaifə, ‖ liːs zɪç fɔm jo ˈhanɪsvʏrmçən |
ˈfɔyər geːbən, ‖ tsʏndətə ˀan ‖ ˀunt fɪŋ ˀan, | gants gə ˈmyːt- 20
lɪç | tsu ˈrauxən. ‖ ˀuntər ˈdɛsən | vaːr ɛs ˈdrausən | ˈgants | ˈduŋkəl
gəvɔrdən ‖ ˀunt das ˈvɛtər | ˈʃlɪmər | (ˀ)als fɔːr ˈheːr. ‖ da ˈtraːf |
tsu algə ˈmainər | fɛr ˈvundəruŋ | nɔx ain ˈʃpɛːtər | ˈgast ˀain. ‖
ˈʃɔːn | zait ˈlɛŋərər | ˈtsait | høːrtə man ɪn dər ˈfɛrnə | (ˀ)ain
ˀaiɡ/ɉən ˈtyːmlɪçəs | ˈʃnaufən; ‖ diːs kaːm ˈlaŋzaːm | ˈnɛːər | (ˀ)unt 25
ˈnɛːər, ‖ ˀunt ˀɛntlɪç | (ˀ)ɛrʃiːn untər dəm ˈpɪltsə | (ˀ)ainə
ˈʃnɛkə, ‖ di: ˈgants | (ˀ)ausər ˀaːtəm vaːr. ‖ „das | nɛnə ɪç ˈlaufən!‟
‖ ˈriːf ziː; ‖ „viː ˈbɪn ɪç | gə ˈjaː^k/_xt! ‖ ˀɔrdəntlɪç das ˈmɪltsʃtɛçən
haːb ɪç bəkɔmən. ‖ ˀɪç vɪl nuːr glaiç bə ˈmɛrkən, | das
ɪç ɪm nɛçstən ˈdɔrfə | (ˀ)ainə bə ˈʃtɛluŋ tsu maxən haːbə, | 30

die Eile hat. Aber niemand kann über seine Kräfte, besonders wenn er sein Haus trägt. Wenn die Gesellschaft erlaubt, will ich hier ein paar Stündchen rasten; dann kann ich nachher wieder galoppieren, als gälte es, den Dampfwagen einzuholen." Niemand hatte etwas dagegen, daß sich die Schnecke ein gemütliches Plätzchen aussuchte. Da setzte sie sich vor ihre Haustür, holte ein Strickzeug hervor und fing an zu stricken. So waren nun die fünfe da versammelt, als die Ameise das Wort nahm und also sprach: „Warum sitzen wir so trübselig bei einander und langweilen uns, da wir uns doch die Zeit auf angenehme Weise vertreiben könnten? Ich habe daran gedacht, daß wir uns Geschichten erzählen sollten, und gern würde ich selbst den Anfang machen, wenn ich nur eine recht hübsche Geschichte wüßte. Nun ist mir aber eben etwas noch Besseres eingefallen. Ich sehe, daß die Grille ihr Violinchen bei sich hat. Wenn sie nicht gar zu müde ist, möcht' ich sie bitten, uns ein lustiges Stückchen zu spielen, damit wir eins tanzen können."

Dieser Vorschlag der Ameise fand allgemeinen Beifall. Die Grille aber ließ sich nicht lange nötigen, sondern stellte sich sogleich mit ihrem Violinchen in die Mitte und spielte das lustigste Tänzchen herunter, welches sie auswendig wußte, während die andern um sie herumtanzten. Nur die Schnecke tanzte nicht mit. „Ich bin," sagte sie, „nicht gewöhnt an das schnelle Herumwirbeln; mir wird zu leicht schwindelig. Aber tanzt, soviel ihr wollt, ich sehe mit Vergnügen zu und mache meine Bemerkungen." — Die andern ließen sich denn auch gar nicht stören, sondern jubelten so laut, daß man es auf drei

V. ˀɪm ˈvaldə. 57

diː ˀˀailə hat. ‖ ˀaːbər ˈniːmant | kan ˀˀyːbər | zainə ˈkrɛftə, ‖ bə'zɔndərs | vɛn ɛr zain ˈhaus trɛːᵏ/꜀ t. ‖ vɛn di gə'zɛlʃaft | (ˀ)ɛr'laupt, | vɪl ɪç hiːr ain paːr ˈʃtʏntçən | ˈrastən; ‖ dan kan ɪç naːx'heːr | viːdər galɔ'piːrən, | (ˀ)als ˈgɛltə ɛs, | dən ˈdampfvaː ᵍ/ɢən ˀaintsuhoːlən." ‖ ˈniːmant | hatə ˀɛtvas da- 5 ˈgeː ᵍ/ⱼən, | das zɪç di ˈʃnɛkə | (ˀ)ain gə'myːtlɪçəs | ˈplɛtsçən ˀauszuːxtə. ‖ da zɛtstə zi zɪç foːr iːrə ˈhaustyːr, ‖ hoːltə ain ˈʃtrɪktsoyᵏ/꜀ hɛrfoːr ‖ ˀunt fɪŋ ˀan | tsu ˈʃtrɪkən. ‖ zo vaːrən nuːn di ˈfʏnfə | daː fɛr'zamɛlt, | (ˀ)als di ˀaːmaizə | das ˈvɔrt naːm | (ˀ)unt ˀalzo ʃpraːx: ‖ „vaːrum zɪtsən viːr zo ˈtryːpzeːlɪ⁽ᵏ⁾/꜀| bai 10 ain'andər | (ˀ)unt ˈlaŋvailən uns, ‖ daː viːr uns dɔx di ˈtsait | (ˀ)auf ˀangəneːmə | ˈvaizə | fɛr'kʏrtsən kɔntən? ‖ ˀɪç haːbə daran gə'daxt, | das viːr uns gə'ʃɪçtən ɛrtseːlən zɔltən, ‖ ˀunt gɛrn vʏrdə ɪç ˈzɛlpst | dən ˀanfaŋ maxən, | vɛn ɪç nuːr ainə rɛçt ˈhʏpʃə gəʃɪçtə | ˈvʏstə. ‖ nuːn ɪst miːr ˀaːbər ˀeːbən | 15 ˀɛtvas nɔx ˈbɛsərəs ˀaingəfalən. ‖ ˀɪç ˈzeːə, | das di ˈgrɪlə | (ˀ)iːr vio'liːnçən bai zɪç hat. ‖ vɛn zi nɪçt ˈgaːr | tsu ˈmyːdə ɪst, | məçt ɪç zi ˈbɪtən, | (ˀ)uns ain ˈlustɪᵍ/ⱼəs | ˈʃtʏkçən tsu ʃpiːlən, ‖ damɪt viːr ains ˈtantsən kɔnən."

diːzər ˈfoːrʃlaːᵏ/ₓ | dər ˀaːmaizə | fant algə'mainən | ˈbai- 20 fal. ‖ di ˈgrɪlə ˀaːbər | liːs zɪç nɪçt ˈlaŋə | ˈneːtɪᵍ/ⱼən, | zɔndərn ʃtɛltə zɪç zo'glaiç | mɪt iːrəm vio'liːnçən | (ˀ)ɪn di ˈmɪtə | (ˀ)unt ʃpiːltə das ˈlustɪ⁽ᵏ⁾/꜀stə | ˈtɛntsçən hɛruntər, | vɛlçəs zi ˀausvɛndɪ⁽ᵏ⁾/꜀ vustə, ‖ veːrənt di ˀandərn | (ˀ)um zi he'rumtantstən. ‖ ˈnuːr | di ˈʃnɛkə | tantstə nɪçt ˈmɪt. ‖ „ˀɪç ˈbɪn," ‖ 25 zaːᵏ/ₓtə ziː, ‖ „nɪçt gə've:nt | (ˀ)an das ˈʃnɛlə | he'rumvɪrbəln; ‖ miːr vɪrt tsu laiçt ˈʃvɪndəlɪ⁽ᵏ⁾/꜀. ‖ ˀaːbər ˈtantst, | zofiːl iːr ˈvɔlt, ‖ ˀɪç zeːə mɪt fɛr'gnyːᵍ/ⱼən | ˈtsuː | (ˀ)unt maxə mainə bə'mɛrkuŋən." ‖ — di ˀandərn | liːsən zɪç dɛn ˀaux ˈgaːr nɪçt | ˈʃtøːrən, | zɔndərn ˈjuːbəltən | zo ˈlaut, | das man ɛs auf ˈdrai 30

Schritte Entfernung hören konnte. Aber ach! durch welch ein furchtbares, ungeahntes Ereignis wurde plötzlich ihr Fest unterbrochen! Der Pilz, unter welchem die lustige Gesellschaft tanzte, gehörte leider einer alten Kröte. An schönen Tagen saß sie oben auf dem Dache, wie die Kröten zu tun pflegen; trat aber schlecht Wetter ein, so kroch sie unter den Pilz, und es konnte ihretwegen regnen von Pfingsten bis Weihnachten.

Diese Kröte nun war am Nachmittag nach dem nächsten Moor zu ihrer Base, einer Unke, gegangen und hatte sich mit derselben bei Kaffee und Napfkuchen so viel erzählt, daß es darüber dunkel geworden war. Jetzt am Abende kam sie ganz leise nach Hause geschlichen. Über den Arm hatte sie ihren Arbeitsbeutel hängen, und in der Hand trug sie einen roten Regenschirm mit messingener Krücke. Als sie in ihrem Hause den Jubel hörte, trat sie noch leiser auf; so kam es, daß die Leutchen drinnen sie nicht eher gewahr wurden, als bis sie mitten unter ihnen stand.

Das war eine unerwartete Störung! Der Käfer fiel vor Schreck auf den Rücken, und es dauerte fünf Minuten, ehe er wieder auf die Beine kommen konnte. Das Leuchtkäferchen dachte zu spät daran, daß es sein Laternchen hätte auslöschen sollen, um in der Dunkelheit zu entwischen.

Die Grille ließ mitten im Takt ihr Violinchen fallen, die Ameise sank aus einer Ohnmacht in die andere, und selbst die Schnecke, die sonst nicht leicht aus der Fassung zu bringen ist, bekam Herzklopfen. Sie wußte sich aber schnell zu helfen; sie kroch in ihr Häuschen,

V. ʼɪm ˈvaldə.

ˈʃritə | (ʼ)ɛntˈfɛrnʊŋ | ˈheːrən kɔntə. ‖ ʼaːbər ʼax! | dʊrç vɛlç
ain ˈfʊrçtbaːrəs, | ʼʊŋgəˈʼaːntəs | (ʼ)ɛrˈʼaiɡ/ɟnɪs | vʊrdə ˈplɵtslɪç |
(ʼ)iːr ˈfɛst | (ʼ)ʊntərˈbrɔxən! ‖ dər ˈpɪlts, | (ʼ)ʊntər vɛlçəm di
ˈlʊstɪɡ/ɟə | gəˈzɛlʃaft | ˈtantstə, ‖ gəhøːrtə ˈlaidər | (ʼ)ainər ˈʼaltən |
ˈkreːtə. ‖ ʼan ˈʃøːnən | ˈtaːɡ/ɡən | zaːs zi ˈʼoːbən | (ʼ)auf dəm 5
ˈdaxə, ‖ vi di ˈkreːtən | tsu ˈtuːn pfleːɡ/ɟən; ‖ traːt ʼaːbər ˈʃlɛçt |
ˈvɛtər ʼain, ‖ zo krɔx zi ˈʼʊntər dən pɪlts, ‖ ʼʊnt ɛs kɔntə
ˈʼiːrətveːɡ/ɟən | ˈreːɡ/ɟnən | fɔn ˈpfɪŋstən | bɪs ˈvainaxtən.

diːzə ˈkreːtə nuːn | vaːr am ˈnaːxmɪtaːᵏ/ₓ | naːx dəm
ˈnɛːçstən | ˈmoːr | tsu iːrər ˈbaːzə, | (ʼ)ainər ˈʼʊŋkə, gəgaŋən ‖ 10
ʼʊnt hatə zɪç mɪt dərzɛlbən bai ˈkafeː | (ʼ)ʊnt ˈnapfkuːxən |
zo ˈfiːl | (ʼ)ɛrˈtsɛːlt, ‖ das ɛs daryːbər ˈdʊŋkəl gəvɔrdən vaːr. ‖
ˈjɛtst | (ʼ)am ˈʼaːbəndə | kaːm zi gants ˈlaizə | naːx ˈhauzə gə-
ˈʃlɪçən. ‖ ʼyːbər dən ˈʼarm | hatə zi iːrən ˈʼarbaitsbɔytəl
hɛŋən, ‖ ʼʊnt ɪn dər ˈhant | truːᵏ/ₓ zi ainən ˈrɔːtən | ˈreːɡ/ɟən- 15
ʃɪrm | mɪt ˈmɛsɪŋənər | ˈkrʏkə. ‖ ʼals zi ɪn iːrəm ˈhauzə | dən
ˈjuːbəl høːrtə, ‖ traːt zi nɔx ˈlaizər ʼauf; ‖ zo ˈkaːm ɛs, |
das di ˈlɔytçən drmən | zi nɪçt ˈʼeːər | gəˈvaːr vʊrdən, ‖ ʼals
bɪs zi ˈmɪtən | ˈʼʊntər iːnən ʃtant.

das vaːr ainə ʼʊnərˈvartətə | ˈʃtøːrʊŋ! ‖ dər ˈkɛːfər | fiːl 20
foːr ˈʃrɛk | (ʼ)auf dən ˈrʏkən, ‖ ʼʊnt ɛs dauərtə ˈfʏnf |
miˈnuːtən, ‖ ʼeːə ɛr viːdər auf di ˈbainə kɔmən kɔntə. ‖
das ˈlɔyçtkɛːfərçən | daxtə tsu ˈʃpɛːt daran, ‖ das ɛs zain
laˈtɛrnçən | hɛtə ˈʼausløʃən zɔlən, | (ʼ)ʊm ɪn dər ˈdʊŋkəlhait |
tsu ɛntˈvɪʃən. 25

di ˈgrɪlə | liːs ˈmɪtən | (ʼ)ɪm ˈtakt | (ʼ)iːr vioˈliːnçən
falən, ‖ di ˈʼaːmaizə | zaŋk aus ˈʼainər | ˈʼoːnmaxt | (ʼ)ɪn di
ˈʼandərə, ‖ ʼʊnt zɛlpst di ˈʃnɛkə, ‖ diː ˈzɔnst | nɪçt ˈlaiçt | (ʼ)aus
dər ˈfasʊŋ tsu brɪŋən ɪst, ‖ bəkaːm ˈhɛrtsklɔpfən. ‖ zi vʊstə
zɪç aːbər ˈʃnɛl | tsu ˈhɛlfən; ‖ zi krɔx in iːr ˈhɔysçən, ‖ 30

riegelte die Tür hinter sich ab und sprach zu sich: „Was da will, kann kommen! Ich bin für niemand zu sprechen." — Nun hättet ihr aber hören sollen, wie die Kröte die armen Leute herunter machte! „Sieh einmal an," rief sie zornig und schwang ihren Regenschirm, „da hat sich ja ein schönes Lumpengesindel zusammengefunden! Ist das hier eine Herberge für Landstreicher und Dorfmusikanten? Ich sag' es ja, nicht aus dem Haus kann man gehen, gleich ist der Unfug los! Augenblicklich packt jetzt eure Siebensachen ein, und dann fort mit euch, oder ich will euch schon Beine machen!" — Was war da zu tun? Die armen Leute wagten gar nicht, sich erst aufs Bitten zu legen, sondern nahmen still ihre Sachen auf, riefen der Schnecke durchs Schlüsselloch zu, daß sie mitkommen solle, und als auch diese sich fertig gemacht hatte, zogen sie alle zusammen von dannen. Das war ein kläglicher Auszug! Voran das Johanniswürmchen, um auf dem Wege zu leuchten, dann der Käfer, dann die Ameise, dann das Grillchen und zuletzt die Schnecke. Der Käfer, der eine gute Lunge hatte, rief von Zeit zu Zeit: „Ist hier kein Wirtshaus?" Aber alles Rufen war vergeblich. Als sie ein Stück gegangen waren, merkten sie, daß die Schnecke nicht mehr bei ihnen war. Sie riefen alle zusammen in den Wald zurück: „Schnecke! Schnecke! beeil' dich!" — erhielten aber keine Antwort. Die Schnecke mußte wohl soweit zurückgeblieben sein, daß sie diese Rufe nicht mehr hören konnte. Die andern zogen betrübt weiter, und nach langem Umherirren fanden sie unter einer Baumwurzel ein leidlich trockenes Plätzchen. Da brachten sie die Nacht zu unter großer Unruhe und ohne

ri:ᵍ/ʲəltə di 'ty:r hɪntər zɪç ˀap ‖ ˀʊnt 'ʃpra:x tsu zɪç: ‖ „vas
da 'vɪl, | kan 'kɔmən! ‖ ˀɪç bɪn fy:r 'ni:mant | tsu 'ʃpreçən."‖
— nu:n hɛtət i:r ˀa:bər 'hɛ:rən zɔlən, | vi di 'krɛ:tə | di
'ˀarmən | 'lɔytə | hɛ 'rʊntər maxtə! ‖ „zi: ainma:l 'ˀan," ‖ 'ri:f zi |
'tsɔrnɪ⁽ᵏ⁾/ç | (ˀ)ʊnt ʃvaŋ i:rən 're:ᵍ/ʲənʃɪrm, ‖ „da hat zɪç ja 5
ain 'ʃɛ:nəs | 'lʊmpəngəzɪndəl | tsu 'zaməngəfʊndən! ‖ ˀɪst das
hi:r ainə 'hɛrberᵍ/ʲə | fy:r 'lantʃtraiçər | (ˀ)ʊnt 'dɔrfmu:zikantən?
‖ ˀɪç 'za:ᵍ/g ɛs ja:, ‖ nɪçt aus dəm 'haus kan man gɛ:ən, |
'glaiç | (ˀ)ɪst dər 'ˀʊnfu:ᵏ/x | 'lo:s! ‖ ˀauᵍ/gən 'blɪklɪç | pakt jɛtst
ɔyrə 'zi:bənzaxən ˀain, | (ˀ)ʊnt dan 'fɔrt 'mɪt ɔyç, | (ˀ)o:dər 10
ɪç vɪl ɔyç ʃo:n 'bainə maxən!" ‖ — vas va:r da: tsu 'tu:n? ‖
di 'ˀarmən | 'lɔytə | 'va:ᵏ/x tən ga:r nɪçt, | zɪç ˀe:rst aufs 'bɪtən
tsu lɛ:ᵍ/ʲən, ‖ zɔndərn na:mən 'ʃtɪl | (ˀ)i:rə 'zaxən ˀauf, ‖ ri:fən
dər 'ʃnɛkə | dʊrçs 'ʃlysəllɔx | 'tsu:, | das zi 'mɪtkɔmən
zɔlə, ‖ ˀʊnt als ˀaux 'di:zə | zɪç 'fɛrtɪ⁽ᵏ⁾/ç gəmaxt hatə, ‖ tso:ᵍ/gən 15
zi 'ˀalə | tsu 'zamən | fɔn 'danən. ‖ das va:r ain 'klɛ:ᵏ/ç lɪçər |
'ˀaustsu:ᵏ/x! ‖ fo:'ran | das jo 'hanɪsvʏrmçən, ‖ ˀʊm auf dəm
've:ᵍ/ʲə | tsu 'lɔyçtən, ‖ 'dan | dər 'kɛ:fər, ‖ 'dan | di 'ˀa:maizə, ‖
'dan | das 'grɪlçən ‖ ˀʊnt tsu 'lɛtst | di 'ʃnɛkə. ‖ dər 'kɛ:fər, ‖
dɛ:r ainə 'gu:tə | 'lʊŋə hatə, ‖ ri:f fɔn 'tsait | tsu 'tsait: ‖ 20
„ˀɪst hi:r kain 'vɪrtshaus?" ‖ ˀa:bər 'ˀaləs | 'ru:fən | va:r fɛr-
'gɛplɪç. ‖ ˀals zi ain 'ʃtʏk | gə 'gaŋən va:rən, | 'mɛrktən zi, |
das di 'ʃnɛkə | nɪçt me:r 'bai i:nən va:r. ‖ zi 'ri:fən | 'ˀalə |
tsu 'zamən | (ˀ)ɪn dən 'valt tsurʏk: ‖ „'ʃnɛkə! ‖ 'ʃnɛkə! ‖ bə 'ˀail
dɪç!" ‖ — ˀɛrhi:ltən ˀa:bər kainə 'ˀantvɔrt. ‖ di 'ʃnɛkə | mʊstə 25
vo:l zo 'vait, | tsu 'rʏk gəbli:bən zain, | das zi di:zə 'ru:fə
nɪçt me:r 'hɛrən kɔntə. ‖ di 'ˀandərn | tso:ᵍ/gən bə 'try:pt |
'vaitər, ‖ ˀʊnt na:x 'laŋəm | (ˀ)ʊm 'hɛ:r ˀɪrən | fandən zi ʊntər
ainər 'baumvʊrtsəl | (ˀ)ain 'laitlɪç | 'trɔkənəs | 'plɛtsçən. ‖ da:
braxtən zi di 'naxt tsu: ‖ ˀʊntər 'gro:ser 'ˀʊnru:ə, | (ˀ)ʊnt 'ˀo:nə | 30

viel zu schlafen. Wenn sie auch mit heiler Haut davon gekommen, es blieb doch immerhin ein schlimmes Abenteuer, und die mit dabei gewesen sind, werden daran denken, so lange sie leben. Trojan.

26. Vom listigen Grasmücklein ein lustiges Stücklein.

Klaus ist in den Wald gegangen,
Weil er will die Vöglein fangen;
Auf den Busch ist er gestiegen,
Weil er will die Vöglein kriegen.
5 Doch im Nestchen sitzt das alte
Vögelein just vor der Spalte,
Schaut und zwitschert: „Ei, der Taus!
Kinderlein, es kommt der Klaus!
Hu, mit einem großen Prügel,
10 Kinderlein, wohl auf die Flügel!"
Prr, da flattert's: husch, husch, husch!
Leer das Nest und leer der Busch,
Und die Vöglein lachen Klaus
Mit dem großen Prügel aus,
15 Daß er wieder heimgegangen,
Zornig, weil er nichts gefangen,
Daß er wieder heimgestiegen,
Weil er konnt' kein Vöglein kriegen.
Güll.

V. ʼɪm ˈvaldə.   63

ˈfiːl | tsu ˈʃlaːfən. ‖ vɛn zi ˀaux mɪt ˈhailər | ˈhaut | daˈfɔn
gəkɔmən, ‖ ˀɛs bliːp ˈdɔx | (ˀ)ɪmərˈhɪn | (ˀ)ain ˈʃɪmməs | ˀaːbən-
tɔyər, ‖ ˀunt ˈdiː | ˈmɪt | daˈbai gəveːzən zɪnt, | veːrdən daran
ˈdɛŋkən, | zo ˈlaŋə | zi ˈleːbən. troːjaːn.

---

26. fɔm ˈlɪstɪq/jən | ˈgraːsmʏklain |
(ˀ)ain ˈlustɪq/jəs | ˈʃtʏklain.

ˈklaus | (ˀ)ɪst ɪn dən ˈvalt gəgaŋən, ‖
vail ɛr vɪl di ˈføː q/jlain faŋen; ‖
ˀauf dən ˈbuʃ ɪst ɛr gəʃtiː q/jən, ‖
vail ɛr vɪl di ˈføː q/jlain kriː q/jən. ‖
dɔx ɪm ˈnɛstçən | zɪtst das ˀˈaltə | 5
ˈføː q/jəlain | ˈjust | foːr dər ˈʃpaltə, ‖
ˈʃaut | (ˀ)unt ˈtsvɪtʃərt: ‖ „ˀai, | dər ˈtaus! ‖
ˈkɪndərlain, ‖ ˀɛs kɔmt dər ˈklaus! ‖
ˈhuː, ‖ mɪt ainəm ˈgroːsən | ˈpryː q/jəl, ‖
ˈkɪndərlain, ‖ ˈvoːl | ˀauf | di ˈflyː q/jəl!" ‖   10
ˈprː, ‖ da ˈflatərts: ‖ ˈhuʃ, | ˈhuʃ, | ˈhuʃ! ‖
ˈleːr | das ˈnɛst ‖ ˀunt ˈleːr | dər ˈbuʃ, ‖
ˀunt di ˈføː q/jlain | laxən ˈklaus |
mɪt dəm ˈgroːsən | ˈpryː q/jəl ‖ ˀaus, ‖
das ɛr viːdər ˈhaimgəgaŋən, ‖   15
ˈtsɔrnɪ(k)/ç, ‖ vail ɛr ˈnɪçts | gəˈfaŋən, ‖
das ɛr viːdər ˈhaimgəʃtiː q/jən, ‖
vail ɛr kɔnt kain ˈføː q/jlain kriː q/jen.
                                                      gʏl.

V. IM WALDE.

27. Wettstreit.

1. Der Kuckuck und der Esel,
   Die hatten großen Streit,
   Wer wohl am besten sänge
   Zur schönen Maienzeit.
2. Der Kuckuck sprach: „das kann ich!"
   Und hub gleich an zu schrei'n.
   „Ich aber kann es besser!"
   Fiel gleich der Esel ein.
3. Das klang so schön und lieblich,
   So schön von fern und nah;
   Sie sangen alle beide:
   Kuku Kuku ia!
   Hoffmann von Fallersleben.

28. Eichhorn und Wind.

Eichhorn: Huhu! wie bläst du kalt, Herr Wind!
Mein Türchen stopf' ich zu geschwind.
Und tu' mir ein andres auf da drüben.
Wind: Ich blase auch dort ganz nach Belieben.
Eichhorn: So mache ich jenes wieder zu
Und rufe vergnügt: „Bleib draußen du!"
Der Wind, der machte ein bös Gesicht,
Das Eichhorn sah es eben nicht.
Der Wind, der schüttelte an dem Baum,
Das Eichhorn drinnen merkt' es kaum:
Es ließ ihm draußen seinen Lauf
Und knackte sich ein Nüßchen auf.
Hey.

V. ˀɪm ˈvaldə.

27. vɛtʃtrait.

1. dər ˈkʊkʊk | (ˀ)ʊnt dər ˈˀeːzəl, ‖
di: hatən ˈɡroːsən | ˈʃtrait, ‖
ˈveːr voːl | (ˀ)am ˈbɛstən | ˈzɛŋə |
tsʊr ˈʃøːnən | ˈmaiəntsait.
2. dər ˈkʊkʊk | ˈʃpraːx: ‖ „das ˈkan | ˈˀɪç!" ‖
ˀʊnt huːp ɡlaiç ˈˀan | tsu ˈʃrain. ‖
„ˈˀɪç ˀaːbər | kan ɛs ˈbɛsər!" ‖
fiːl ˈɡlàiç | dər ˈˀeːzəl ˀain.
3. das ˈklaŋ | zo ˈʃøːn | (ˀ)ʊnt ˈliːplɪç, ‖
zo ˈʃøːn | fɔn ˈfɛrn | (ˀ)ʊnt ˈnaː; ‖ —
zi ˈzaŋən | ˈˀalə | ˈbaidə: ‖
kʊˈkuː ‖ kʊˈkuː ‖ ˀiːˈaː!
ˈhɔfman | fɔn ˈfalərsleːbən.

---

28. ˀaiçhɔrn | (ˀ)ʊnt ˈvɪnt.

ˈˀaiçhɔrn: ‖ huːˈhuː! ‖ vi ˈblɛːst du | ˈkalt, ‖ hɛr ˈvɪnt! ‖
main ˈtyːrçən | ʃtɔpf ɪç ˈtsuː | ɡəˈʃvɪnt |
(ˀ)ʊnt tuː miːr ain ˈˀandrəs | ˈˀauf | da ˈdryːbən.
ˈvɪnt: ‖ ˀɪç blaːzə ˀaux ˈdɔrt | ˈɡants | naːx bəˈliːbən.
ˈˀaiçhɔrn: ‖ zo maxə ɪç ˈjeːnəs | viːdər ˈtsuː |
(ˀ)ʊnt ruːfə fɛrˈɡnyː^k/çt: ‖ „ˈblaip ˈdrausən duː!"
dər ˈvɪnt, ‖ deːr maxtə ain ˈbøːs | ɡəˈzɪçt, ‖
das ˈˀaiçhɔrn | ˈzaː ɛs ˀeːbən nɪçt. ‖
dər ˈvɪnt, ‖ deːr ˈʃʏtəltə | (ˀ)an dəm ˈbaum, |
das ˈˀaiçhɔrn | ˈdrmən | ˈmɛrkt ɛs kaum: ‖
ˀɛs liːs iːm ˈdrausən | zainən ˈlauf, |
(ˀ)ʊnt knaktə zɪç ain ˈnʏsçən ˀauf. haiˑ

29. Eichhörnchen.

Heißa, wer tanzt mit mir?
Lustig und munter!
Kopfüber, kopfunter
Mit Manier!
5 Immerfort
Von Ort zu Ort,
Jetzo hier,
Jetzo dort! Hopp!

Ohne Ruh, ohne Rast,
10 Vom Zweig auf den Ast,
Vom Ast auf den Wipfel hoch in die Luft,
Im Blättersäusel und Blütenduft!

Immerzu
Ohne Rast, ohne Ruh!
15 Heut ist Kirms, und heut ist Ball!
Spielet, Drossel, Nachtigall,
Stieglitz, Amsel, Fink und Specht,
Pfeift und geigt und macht es recht!
Ich bin ein Mann,
20 Der tanzen kann.

Hänschen Eichhorn heiß' ich,
Was ich gelernt hab', weiß ich.
Kommt der Jäger in Wald hinein,
Will mir kein Vogel singen;
25 Hänschen läßt das Tanzen sein,
Tanzen, Hüpfen und Springen;

V. ʾɪm ˈvaldə.

29. ʾaiçhørnçən.

ˈhaisaː, ‖ veːr ˈtantst mɪt miːr? ‖
ˈlʊstɪ⁽ᵏ⁾/ᶝ | (ʾ)ʊnt ˈmʊntər! ‖
kɔpfˈʾyːbər, | kɔpfˈʾʊntər ‖
mɪt maˈniːr!

ˈʾɪmər|ˈfɔrt ‖
fɔn ˈʾɔrt | tsu ˈʾɔrt, ‖
ˈjɛtsoː | ˈhiːr, ‖
ˈjɛtsoː | ˈdɔrt! ‖ ˈhɔp!

ʾoːnə ˈruː, ‖ ʾoːnə ˈrast, ‖
fɔm ˈtsvai⁽ᵏ⁾/ᶝ | (ʾ)auf dən ˈʾast, ‖
fɔm ˈʾast | (ʾ)auf dən ˈvɪpfəl | ˈhoːx | (ʾ)m di ˈlʊft,
ʾɪm ˈblɛtərzɔyzəl | (ʾ)ʊnt ˈblyːtəndʊft!

ˈʾɪmər|ˈtsuː ‖
ʾoːnə ˈrast, ‖ ʾoːnə ˈruː! ‖
hɔyt ɪst ˈkɪrms, ‖ ʾʊnt hɔyt ɪst ˈbal! ‖
ˈʃpiːlət, ‖ ˈdrɔsəl, | ˈnaxtigal, |
ˈʃtiːᵍ/ⱼlɪts, | ˈʾamzəl, | ˈfɪŋk | (ʾ)ʊnt ˈʃpɛçt, ‖
ˈpfaift | (ʾ)ʊnt ˈgaiᵏ/ᶝt | (ʾ)ʊnt maxt ɛs ˈrɛçt! ‖
ʾɪç bɪn ain ˈman, |
deːr ˈtantsən kan.

ˈhɛnsçən | ˈʾaiçhɔrn | ˈhais ɪç, ‖
vas ɪç gəˈlɛrnt haːp, | ˈvais ɪç. ‖
kɔmt dər ˈjɛːᵍ/ⱼər | (ʾ)m ˈvalt hɪnain, |
vɪl miːr kain ˈfoːᵍ/ᵍəl | ˈzɪŋən; ‖
ˈhɛnsçən | lɛst das ˈtantsən | ˈzain, ‖
ˈtantsən, | ˈhʏpfən | (ʾ)ʊnt ˈʃprɪŋən; ‖

Hänschen schlüpft hinein zum Haus,
Hänschen schaut zum Haus heraus,
Hänschen lacht den Jäger aus.

                    Hoffmann von Fallersleben.

30. Häslein.

Unterm Tannenbaum im Gras
Gravitätisch sitzt der Has,
Wichst den Bart und spitzt das Ohr,
Duckt sich nieder, guckt hervor,
      Zupft
  Und leckt sich,
      Rupft
  Und reckt sich;
Endlich macht er einen Sprung:
„Hei, was bin ich für ein Jung'!
Schneller noch als Hirsch und Reh
Spring' ich auf und ab die Höh',
Wer ist's, der mich fangen kann?
Tausend Hund' und hundert Mann,
Gleich will ich's mit ihnen wagen,
Soll mich keiner doch erjagen.
Und der Graf auf seinem Schloß
Hat im ganzen Stall kein Roß
Und auch keinen Reitersknecht,
Der mir nachgaloppen möcht'."
„Häslein, nimm dich doch in acht,
Hund und Jäger schleichen sacht!

V. ˀɪm ˈvaldə. 69

ˈhɛnsçən | ʃlʏpft hɪˈnain | tsʊm ˈhaus, ‖
ˈhɛnsçən | ʃaut tsʊm ˈhaus | hɛˈraus, ‖
ˈhɛnsçən | laxt dən ˈjɛːᵍ/ʲər | ˀˈaus.
              ˈhɔfman | fɔn ˈfalərsleːbən.

---

30. hɛːslain.

ˀʊntərm ˈtanənbaum | (ˀ)ɪm ˈgraːs |
graviˈtɛːtɪʃ | ˈzɪtst | dər ˈhaːs, ‖
ˈvɪkst | dən ˈbaːrt ‖ ˀʊnt ˈʃpɪtst | das ˀˈoːr, ‖
ˈdʊkt zɪç | ˈniːdər, ‖ ˈgʊkt hɛrˈfoːr, ‖
    ˈtsʊpft | 5
    (ˀ)ʊnt ˈlɛkt zɪç, ‖
    ˈrʊpft |
    (ˀ)ʊnt ˈrɛkt zɪç; ‖
ˀˈɛntlɪç | maxt ɛr ainən ˈʃprʊŋ: ‖
„ˈhai, | vas bm ɪç fyːr ain ˈjʊŋ! ‖   10
ˈʃnɛlər nɔx | (ˀ)als ˈhɪrʃ | (ˀ)ʊnt ˈreː |
ˈʃprɪŋ ɪç | ˀˈauf | (ˀ)ʊnt ˀˈap | di ˈhøː, ‖
ˈveːr ɪsts, | deːr mɪç ˈfaŋən kan? ‖
ˈtauzənt | ˈhʊnt | (ˀ)ʊnt ˈhʊndərt | ˈman, ‖
ˈglaiç | vɪl ɪçs mɪt iːnən ˈvaːᵍ/gən, ‖   15
zɔl mɪç ˈkainər | ˈdɔx | (ˀ)ɛrˈjaːᵍ/gən. ‖
ˀʊnt dər ˈgraːf | (ˀ)auf zainəm ˈʃlɔs |
hat ɪm ˈgantsən | ˈʃtal | kain ˈrɔs |
(ˀ)ʊnt ˀaux kainən ˈraitərsknɛçt, |
deːr miːr ˈnaːxgalɔpən mœçt." ‖   20
„ˈhɛːslain, ‖ ˈnɪm dɪç | ˈdɔx | (ˀ)ɪn ˀˈaxt, ‖
ˈhʊnt | (ˀ)ʊnt ˈjɛːᵍ/ʲər | ˈʃlaiçən | ˈzaxt! ‖

Eh' du's denkst, da zuckt es rot,
Und die Kugel schießt dich tot."
Aber 's Häslein hat sich jetzt
Wie ein Männlein hingesetzt,
Schaut nicht auf und schaut nicht um —
„Bst, wer kommt so still und stumm
Dort durch Busch und Dorn und Korn
Mit dem Stutz' und Pulverhorn?
Hu! der Jäger ist es schon!
Häslein, Häslein, spring davon!
's ist zu spät; es blitzt und pufft,
Und der Rauch steigt in die Luft,
Und das Häslein liegt, o weh!
Totgeschossen in dem Klee." Güll.

31. Waldlust.

1. Ich möchte ein Jäger sein,
   Durchstreifen Feld und Hain,
   Möchte der Vögel Ruf verstehen,
   Möchte hören der Winde Wehen,
   Wenn die Tannen rauschen darein!
   Ich möchte ein Jäger sein!

2. Ich möchte ein Jäger sein!
   Frühmorgens beim ersten Schein
   Wär' ich im Walde schon wieder
   Und hörte der Vögel Lieder
   Und hörte den Kuckuck schrei'n.
   Ich möchte ein Jäger sein!

V. ʾɪm 'valdə.

ʾeː duːs 'deŋkst, | da 'tsukt es | 'roːt, ‖
ʾunt di 'kuː⁹/gəl | ʃiːst dɪç 'toːt." ‖
ʾaːbərs 'heːslain | hat zɪç 'jetst |
viː ain 'menlain | 'hɪngəzetst, ‖
ʃaut nɪçt "ʾauf | (ʾ)unt ʃaut nɪçt "ʾum ‖ —
„'pst, ‖ veːr 'kɔmt | zo 'ʃtɪl | (ʾ)unt 'ʃtum |
'dɔrt | durç 'buʃ | (ʾ)unt 'dɔrn | (ʾ)unt 'kɔrn |
mɪt dəm 'ʃtuts | (ʾ)unt 'pulfərhɔrn? ‖
'huː! ‖ dər 'jeː⁹/jər ɪst es ʃoːn! ‖
'heːslain, ‖ 'heːslain, ‖ 'ʃprɪŋ | da 'fɔn! ‖ .
sɪst tsu 'ʃpeːt; ‖ ʾes 'blɪtst | (ʾ)unt 'puft, ‖
ʾunt dər 'raux | ʃtaiᵏ/çt ɪn di 'luft, ‖
ʾunt das 'heːslain | 'liːᵏ/çt, ‖ ʾo 'veː! ‖
'toːtgəʃɔsən | (ʾ)ɪn dəm 'kleː."   g r l.

---

31. valtlust.

1. ʾɪç məçtə ain 'jeː⁹/jər zain, ‖
   durç 'ʃtraifən | 'felt | (ʾ)unt 'hain, ‖
   məçtə dər 'føː⁹/jəl | 'ruːf | fɛr 'ʃteːən, ‖
   məçtə 'heːrən | dər 'vɪndə | 'veːən, ‖
   ven di 'tanən | 'rauʃən | da 'rain! ‖
   ʾɪç məçtə ain 'jeː⁹/jər zain!

2. ʾɪç məçtə ain 'jeː⁹/jər zain! ‖
   fryː 'mɔr⁹/jəns | baim "ʾeːrstən | 'ʃain |
   veːr ɪç ɪm 'valdə | ʃoːn 'viːdər |
   ʾunt heːrtə dər 'føː⁹/jəl liːdər ‖
   ʾunt heːrtə dən 'kukuk ʃrain. ‖
   ʾɪç məçtə ain 'jeː⁹/jər zain!

3. Ich möchte ein Jäger sein!
Im Mondschein ständ' ich allein
Am Waldweg; jetzt kommt es gegangen,
Das Reh; mit freudigem Bangen
Nähm' ich die Büchse und — nein!
Ich möchte kein Jäger sein!   Kerner.

32. Der weiße Hirsch.

Es gingen drei Jäger wohl auf die Birsch,
Sie wollten erjagen den weißen Hirsch.
Sie legten sich unter den Tannenbaum;
Da hatten die drei einen seltsamen Traum.
    Der erste.
„Mir hat geträumt, ich klopf' auf den Busch,
Da rauschte der Hirsch heraus, husch husch!"
    Der zweite.
„Und als er sprang mit der Hunde Geklaff,
Da brannt' ich ihn auf das Fell, piff paff!"
    Der dritte.
„Und als ich den Hirsch an der Erde sah,
Da stieß ich lustig ins Horn, trara!"
So lagen sie da und sprachen, die drei,
Da rannte der weiße Hirsch vorbei.
Und eh' die Jäger ihn recht gesehn,
So war er davon über Tiefen und Höhn.
 Husch husch! piff paff! trara!   Uhland.

V. ʔɪm ˈvaldə.

3. ʔɪç mœçtə ain ˈjɛːɐ̯/ʲər zain! ‖
ʔɪm ˈmoːntʃain | ˈʃtɛnd ɪç | ʔaˈlain |
(ʔ)am ˈvaltveːᵏ/ç; ‖ ˈjɛtst | kɔmt ɛs gəˈgaŋən, ‖
das ˈreː; ‖ mɪt ˈfrɔydɪɐ̯/ʲəm | ˈbaŋən |
nɛːm ɪç di ˈbʏksə | (ʔ)unt — ˈnain! ‖
ʔɪç mœçtə ˈkain | ˈjɛːɐ̯/ʲər zain!   kɛrnər.

32. dər ˈvaisə | ˈhɪrʃ.

ʔɛs ˈgɪŋən | drai ˈjɛːɐ̯/ʲər | voːl auf di ˈbɪrʃ, ‖
zi vɔltən ɛrˈjaːɐ̯/gən | dən ˈvaisən | ˈhɪrʃ.
zi ˈlɛːᵏ/ç tən zɪç | (ʔ)untər dən ˈtanənbaʊm; ‖
da hatən di ˈdrai | (ʔ)ainən ˈzɛltzaːmən | ˈtraum.
     dər ˈʔeːrstə.
„miːr hat gəˈtrɔymt, | (ʔ)ɪç ˈklɔpf | (ʔ)auf dən ˈbuʃ, ‖
da rauʃtə dər ˈhɪrʃ | hɛˈraus, ‖ huʃ ˈhuʃ!"
     dər ˈtsvaitə.
„ʔunt ʔals ɛr ˈʃpraŋ | mɪ(t) dər ˈhundə | gəˈklaf, ‖
da ˈbrant ɪç iːn | (ʔ)auf das ˈfɛl, ‖ pɪf ˈpaf!"
     der ˈdrɪtə.
„ʔunt ʔals ɪç dən ˈhɪrʃ | (ʔ)an dər ˈʔeːrdə zaː, ‖
da ʃtiːs ɪç ˈlustɪᵏ/ç | (ʔ)ɪns ˈhɔrn, ‖ traˈraː!"
zo ˈlaːɐ̯/gən zi daː | (ʔ)unt ˈʃpraːxən, | di ˈdrai, ‖
da rantə dər ˈvaisə | ˈhɪrʃ | foːr ˈbai.
ʔunt ˈʔeː | di ˈjɛːɐ̯/ʲər | (ʔ)iːn ˈrɛçt | gəˈzeːn, ‖
zo vaːr ɛr daˈfɔn | (ʔ)yːbər ˈtiːfən | (ʔ)unt ˈhɔːn.
huʃ ˈhuʃ! ‖ pɪf ˈpaf! ‖ traˈraː!   ʔuːlant.

33. Fuchs und Ente.

Fuchs: Frau Ente, was schwimmst du dort auf dem Teich?
Komm doch einmal her an das Ufer gleich;
Ich hab' dich schon lange was wollen fragen.
Ente: Herr Fuchs, ich wüßte dir nichts zu sagen.
Du bist mir so schon viel zu klug,
Drum bleib' ich dir lieber weit genug.

Herr Fuchs, der ging am Ufer hin
Und war verdrießlich in seinem Sinn;
Es lüstete ihn nach einem Braten,
Das hatte die Ente gar wohl erraten.
Heut hätt' er so gerne schwimmen können;
Nun mußt' er ihr doch das Leben gönnen.
Hey.

---

34. Der Wolf und der Mensch.

Der Fuchs erzählte einmal dem Wolf von der Stärke des Menschen, kein Tier könnte ihm widerstehen, und sie müßten List gebrauchen, um sich vor ihm zu erhalten. Da antwortete der Wolf: „Wenn ich nur einmal einen Menschen zu sehen bekäme! Ich wollte doch auf ihn losgehen." „Dazu kann ich dir helfen," sprach der Fuchs, „komm nur morgen früh zu mir, so will ich dir einen zeigen." Der Wolf stellte sich frühzeitig ein, und der Fuchs brachte ihn hinaus auf den Weg, den der Jäger alle Tage ging. Zuerst kam ein alter abgedankter Soldat. „Ist das ein Mensch?" fragte der Wolf. „Nein," antwortete der Fuchs, „das ist einer

. V. ʼɪm ˈvaldə.

33. ˈfʊks | (ʼ)ʊnt ˈʼɛntə.

ˈfʊks: ‖ frau ʼɛntə, ‖ vas ˈʃvɪmst du | ˈdɔrt | (ʼ)auf dəm ˈtaiç? ‖
 ˈkɔm dɔx ainmaːl | ˈheːr | (ʼ)an das ˈʼuːfər | ˈglaiç; ‖
 ʼɪç haːp dɪç ʃoːn ˈlaŋə | vas vɔlən ˈfraːg/gən. ‖
ˈʼɛntə: ‖ hɛr ˈfʊks, ‖ ʼɪç ˈvʏstə | diːr ˈnɪçts | tsu ˈzaːg/gən. ‖
 du bɪst miːr ˈzoː ʃoːn | ˈfiːl | tsu ˈkluːᵏ/ₓ, ‖   5
 drʊm ˈblaib ɪç diːr | ˈliːbər | ˈvait gənuːᵏ/ₓ.

hɛr ˈfʊks, ‖ deːr ˈgŋ | (ʼ)am ˈʼuːfər hɪn ‖
ʼʊnt vaːr fɛrˈdriːsliç | (ʼ)ɪn zainəm ˈzɪn; ‖
ʼɛs ˈlʏstətə iːn | naːx ainəm ˈbraːtən, ‖
das hatə di ˈʼɛntə | gaːr ˈvoːl | (ʼ)ɛrˈraːtən. ‖   10
ˈhɔyt | hɛt ɛr zo ˈgɛrnə | ˈʃvɪmən kənən; ‖
nuːn mʊst ɛr iːr ˈdɔx | das ˈleːbən gənən.

h a i.

---

34. dər ˈvɔlf | (ʼ)ʊnt dər ˈmɛnʃ.

dər ˈfʊks | (ʼ)ɛrˈtseːltə ainmaːl | dəm ˈvɔlf | ʃon der
ˈʃtɛrkə | des ˈmɛnʃən, ‖ ˈkain | ˈtiːr | kəntə iːm viːderˈʃteːən,
ʼʊnt zi mʏstən ˈlɪst gəbrauxən, | (ʼ)ʊm zɪç foːr iːm tsu
ɛrˈhaltən. ‖ da ˈʼantvɔrtətə | dər ˈvɔlf: ‖ „vɛn ɪç nuːr ain- 5
maːl ainən ˈmɛnʃən | tsu ˈzeːən bəkɛːmə! ‖ ʼɪç vɔltə ˈdɔx |
(ʼ)auf iːn ˈloːsgeːən." ‖ „daːtsu kan ɪç diːr ˈhɛlfən," ‖ ʃpraːx
dər ˈfʊks, ‖ „kɔm nuːr mɔrᵍ/ⱼən ˈfryː | ˈtsuː miːr, ‖ zo vɪl ɪç
diːr ainən ˈtsaiᵍ/ⱼən." ‖ der ˈvɔlf | ʃtɛltə zɪç ˈfryːzaitɪ⁽ᵏ⁾/ç | ˈʼain, ‖
ʼʊnt dər ˈfʊks | braxtə iːn hɪnˈaus | (ʼ)auf dən ˈveːᵏ/ç, | deːn 10
dər ˈjɛːᵍ/ⱼər | ˈʼalə | ˈtaːᵍ/gə | ˈgŋ. ‖ tsu ˈʼeːrst | kaːm ain ˈʼaltər |
ˈʼapgədaŋktər | zɔl ˈdaːt. ‖ „ʼɪst ˈdas | ain ˈmɛnʃ?" ‖ fraːᵏ/ₓtə
dər ˈvɔlf. ‖ „ˈnain," ‖ ʼantvɔrtətə dər ˈfʊks, ‖ „das ɪst ainər

gewesen." Danach kam ein kleiner Knabe, der zur Schule wollte. „Ist das ein Mensch?" „Nein, das will erst einer werden." Endlich kam der Jäger, die Doppelflinte auf dem Rücken und den Hirschfänger an der Seite. Sprach der Fuchs zum Wolf: „Siehst du, dort kommt ein Mensch, auf den mußt du losgehen; ich aber will mich fort in meine Höhle machen."

Der Wolf ging nun auf den Menschen los; der Jäger, als er ihn erblickte, sprach: „Es ist schade, daß ich keine Kugel geladen habe," legte an und schoß dem Wolf das Schrot ins Gesicht. Der Wolf verzog das Gesicht gewaltig, doch ließ er sich nicht schrecken und ging vorwärts: da gab ihm der Jäger die zweite Ladung. Der Wolf verbiß den Schmerz und rückte dem Jäger zu Leibe: da zog dieser seinen blanken Hirschfänger und gab ihm links und rechts ein paar Hiebe, daß er, über und über blutend, mit Geheul zu dem Fuchs zurücklief.

„Nun, Bruder Wolf," sprach der Fuchs, „wie bist du mit dem Menschen fertig geworden?" „Ach," antwortete der Wolf, „so hab' ich mir die Stärke des Menschen nicht vorgestellt; erst nahm er einen Stock von der Schulter und blies hinein, da flog mir etwas ins Gesicht, das hat mich ganz entsetzlich gekitzelt; danach pustete er noch einmal in den Stock, da flog mir's um die Nase, wie Blitz und Hagelwetter, und wie ich ganz nahe war, da zog er eine blanke Rippe aus dem Leib, damit hat er so auf mich losgeschlagen, daß ich beinah tot wäre liegen geblieben." „Siehst du," sprach der Fuchs, „was du für ein Prahlhans bist: du wirfst das Beil so weit, daß du's nicht wieder holen kannst."

Brüder Grimm.

V. ˀım ˈvaldə.

gə ˈveːzən." ‖ daˈnaːx | kaːm ain ˈklainər | ˈknaːbə, ‖ der tsʊr
ˈʃuːlə vɔltə. ‖ „ˀɪst ˈdas ain mɛnʃ?" ‖ „ˈnain, ‖ das vɪl
ˀeːrst ainər ˈveːrdən." ‖ ˀɛntlɪç kaːm dər ˈjɛːᵍ/ⱼər, ‖ di ˈdɔpəl-
flɪntə | (ˀ)auf dəm ˈrʏkən | (ˀ)ʊnt dən ˈhɪrʃfɛŋər | (ˀ)an dər
ˈzaitə. ‖ ʃpraːx dər ˈfʊks | tsʊm ˈvɔlf: ‖ „ˈziːst duː, ‖ ˈdɔrt | 5
kɔmt ain ˈmɛnʃ, ‖ ˀauf ˈdeːn | mʊst du ˈloːsgeːən; ‖ ˀɪç ˀaːbər |
vɪl mɪç ˈfɔrt | (ˀ)ɪn mainə ˈheːlə maxən."

dər ˈvɔlf | gɪŋ nuːn auf dən mɛnʃən ˈloːs; ‖ dər ˈjɛːᵍ/ⱼər, ‖
ˀals ɛr iːn ɛrˈblɪktə, ‖ ʃpraːx: ‖ „ˀɛs ɪst ˈʃaːdə, | das ɪç kainə
ˈkuː ᵍ/g əl gəlaːdən haːbə," ‖ leː ᵏ/ç tə ˀan | (ˀ)ʊnt ʃɔs dəm ˈvɔlf | 10
das ˈʃrɔːt ɪns gəzɪçt. ‖ dər ˈvɔlf | fɛrtsoː ᵏ/x das gəˈzɪçt | gə-
ˈvaltɪ⁽ᵏ⁾/ç, ‖ dɔx liːs ɛr zɪç nɪçt ˈʃrekən | (ˀ)ʊnt gɪŋ ˈfoːrvɛrts: ‖
da gaːp iːm dər ˈjɛːᵍ/ⱼər | di ˈtsvaitə laːdʊŋ. ‖ dər ˈvɔlf | fɛrˈbɪs |
dən ˈʃmɛrts | (ˀ)ʊnt rʏktə dəm ˈjɛːᵍ/ⱼər | tsu ˈlaibə: ‖ da zoː ᵏ/x
ˈdiːzər | zainən ˈblaŋkən | ˈhɪrʃfɛŋər | (ˀ)ʊnt gaːp iːm ˈlɪŋks | 15
(ˀ)ʊnt ˈrɛçts | (ˀ)ain paːr ˈhiːbə, | das ɛr, ˀyːbər | (ˀ)ʊnt ˀyːbər
| ˈbluːtənd, | mɪt gəˈhɔyl | tsu dəm ˈfʊks | tsu ˈrʏkliːf.

„nuːn, ‖ bruːdər ˈvɔlf," ‖ ʃpraːx dər ˈfʊks, ‖ „vi bɪst du
mɪt dəm mɛnʃən ˈfɛrtɪ⁽ᵏ⁾/ç gəvɔrdən?" ‖ „ˀax," ‖ ˀantvɔrtətə
dər ˈvɔlf, ‖ „zoː haːb ɪç miːr | di ˈʃtɛrkə dɛs mɛnʃən | nɪçt 20
ˈfoːrgəʃtɛlt; ‖ ˀeːrst | naːm ɛr ainən ˈʃtɔk fɔn dər ˈʃʊltər | (ˀ)ʊnt
ˈbliːs hmain, ‖ da ˈfloː ᵏ/x miːr ˀɛtvas | (ˀ)ms gəˈzɪçt, ‖ das hat
mɪç gants ɛntˈzɛtslɪç | gəˈkɪtsəlt; ‖ daˈnaːx | puːstətə ɛr ˈnɔx
ainmaːl ɪn dən ʃtɔk, ‖ da floː ᵏ/x miːrs ʊm di ˈnaːzə, | vi ˈblɪts |
(ˀ)ʊnt ˈhaːᵍ/g əlvɛtər, ‖ ˀʊnt viː ɪç gants ˈnaːə vaːr, ‖ da tsoː ᵏ/x 25
ɛr ainə ˈblaŋkə | ˈrɪpə aus dəm laip, ‖ damɪt hat ɛr ˈzoː
(ˀ)auf mɪç ˈloːsgəʃlaː ᵍ/g ən, | das ɪç bainaː ˈtoːt vɛːrə | ˈliː ᵍ/ⱼən
gəbliːbən." ‖ „ˈziːst duː," ‖ ʃprax dər ˈfʊks, ‖ „vas du fyːr ain
ˈpraːlhans bɪst: ‖ du vɪrfst das ˈbail | zoː ˈvait, | das duːs nɪçt
ˈviːdər hoːlen kanst."

bryːdər ˈgrɪm.   30

35. Der Wolf.

Hans hütete nicht weit von einem großen Walde die Schafe. Eines Tages schrie er, um sich einen Spaß zu machen, aus allen Kräften: „Der Wolf kommt! Der Wolf kommt!" Die Bauern kamen sogleich mit Äxten und Prügeln in Scharen aus dem nahen Dorfe gelaufen und wollten den Wolf totschlagen. Da sie jedoch nichts von einem Wolfe sahen, gingen sie wieder heim, und Hans lachte sie heimlich aus.

Am andern Tage schrie Hans wieder: „Der Wolf! der Wolf!" Die Bauern kamen wieder heraus, wiewohl nicht mehr so zahlreich als gestern. Da sie aber keine Spur von einem Wolf erblickten, schüttelten sie die Köpfe und gingen voll Verdruß nach Hause.

Am dritten Tage kam der Wolf wirklich. Hans schrie ganz erbärmlich: „Zu Hilfe! zu Hilfe! Der Wolf! der Wolf!" Allein diesmal kam ihm kein einziger Bauer zu Hilfe. Der Wolf brach in die Herde ein, erwürgte mehrere Schafe und darunter das artigste Lämmchen, das dem Knaben selbst gehörte, und das er ungemein lieb hatte.

Schmid.

36. Der Wolf und die sieben jungen Geißlein.

Es war einmal eine alte Geiß, die hatte sieben junge Geißlein und hatte sie lieb, wie eine Mutter ihre Kinder lieb hat. Eines Tages wollte sie in den Wald gehen und Futter holen, da rief sie alle sieben herbei und

V. ʔɪm ˈvaldə.

35. dər ˈvɔlf.

ˈhans | ˈhyːtətə | nɪçt ˈvait | fɔn ainəm ˈɡroːsən | ˈvaldə | di ˈʃaːfə. ‖ ʔainəs ˈtaːɡ/ɡəs | ˈʃriː ɛr, | (ʔ)ʊm zɪç ainən ˈʃpaːs tsu maxən, | (ʔ)aus ˈʔalən | ˈkreftən: ‖ „dər ˈvɔlf kɔmt! ‖ dər ˈvɔlf kɔmt!" ‖ di ˈbauərn | kaːmən zoˈɡlaiç | mɪt ˈʔɛkstən | (ʔ)ʊnt 5 ˈpryːɡ/jəln | (ʔ)ɪn ˈʃaːrən | (ʔ)aus dəm ˈnaːən | ˈdɔrfə ɡəlaufən ‖ ʔʊnt vɔltən dən ˈvɔlf | ˈtoːtʃlaːɡ/ɡən. ‖ daː zi jedɔx ˈnɪçts | fɔn ainəm ˈvɔlfə | ˈzaːən, ‖ ɡɪŋən zi viːdər ˈhaim, ‖ ʔʊnt ˈhans | laxtə zi ˈhaimlɪç | ˈʔaus.

ʔam ˈʔandərn | ˈtaːɡ/ɡo | ˈʃriː ˈhans | ˈviːdər: ‖ „dər ˈvɔlf! ‖ 10 dər ˈvɔlf!" ‖ di ˈbauərn | kaːmən ˈviːdər heraus, ‖ vivoːl ˈnɪçt meːr | zo ˈzaːlraiç | (ʔ)als ˈɡestərn. ‖ daː zi ʔaːbər ˈkainə | ˈʃpuːr ֽ fɔn ainəm ˈvɔlf | (ʔ)ərˈblɪktən, | ˈʃʏtəltən zi di ˈkəpfə | (ʔ)ʊnt ɡɪŋən fɔl fɛrˈdrʊs | naːx ˈhauzə.

ʔam ˈdrɪtən taːɡ/ɡə | ˈkaːm dər vɔlf | ˈvɪrklɪç. ‖ ˈhans | 15 ˈʃriː | ɡants ɛrˈbɛrmlɪç: ‖ „tsu ˈhɪlfə! ‖ tsu ˈhɪlfə! ‖ dər ˈvɔlf! ‖ dər ˈvɔlf!" ‖ ʔalain ˈdiːsmaːl | ˈkaːm iːm | kain ˈʔaintsɪɡ/jər | ˈbauər | tsu ˈhɪlfə. ‖ dər ˈvɔlf | braːx m di ˈheːrdə | ˈʔain, ‖ ʔɛrvʏrk/çtə | ˈmeːrərə | ˈʃaːfə ‖ ʔʊnt daˈrʊntər | das ˈʔartɪ(k)/çstə | ˈlɛmçən, ‖ das dəm ˈknaːbən | ˈzɛlpst ɡəheːrtə, | (ʔ)ʊnt das 20 ɛr ʔʊnɡəˈmain | ˈliːp hatə. ʃmɪt.

---

36. dər ˈvɔlf | (ʔ)ʊnt di ˈziːbən | ˈjʊŋən | ˈɡaislain.

ʔɛs vaːr ainmaːl ainə ˈʔaltə | ˈɡais, ‖ diː hatə ˈziːbən | ˈjʊŋə | ˈɡaislain ‖ ʔʊnt hatə zi ˈliːp, | vi ainə ˈmutər | (ʔ)iːrə ˈkɪndər | ˈliːp hat. ‖ ʔainəs ˈtaːɡ/ɡəs | vɔltə zi ɪn dən ˈvalt ɡeːn | (ʔ)ʊnt ˈfʊtər hoːlən, ‖ da ˈriːf zi | ˈʔalə | ˈziːbən | hɛrˈbai | (ʔ)ʊnt 5 sprach: „Liebe Kinder, ich will hinaus in den Wald, seid auf eurer Hut vor dem Wolf; wenn er herein kommt, so frißt er euch alle mit Haut und Haar. Der Bösewicht verstellt sich oft, aber an seiner rauhen Stimme und an seinen schwarzen Füßen werdet ihr ihn gleich erkennen." Die Geißlein sagten: „Liebe Mutter, wir wollen uns schon in acht nehmen, ihr könnt ohne Sorge fortgehen." Da meckerte die Alte und machte sich getrost auf den Weg.

Es dauerte nicht lange, so klopfte jemand an die Haustür und rief: „Macht auf, ihr lieben Kinder, eure Mutter ist da und hat jedem von euch etwas mitgebracht." Aber die Geißerchen hörten an der rauhen Stimme, daß es der Wolf war. „Wir machen nicht auf," riefen sie, „du bist unsere Mutter nicht, die hat eine feine und liebliche Stimme, aber deine Stimme ist rauh; du bist der Wolf." Da ging der Wolf fort zu einem Krämer und kaufte sich ein großes Stück Kreide; die aß er und machte damit seine Stimme fein. Dann kam er zurück, klopfte an die Haustür und rief: „Macht auf, ihr lieben Kinder, eure Mutter ist da und hat jedem von euch etwas mitgebracht." Aber der Wolf hatte seine schwarze Pfote in das Fenster gelegt, das sahen die Kinder und riefen: „Wir machen nicht auf, unsere Mutter hat keinen schwarzen Fuß, wie du; du bist der Wolf." Da lief der Wolf zu einem Bäcker und sprach: „Ich habe mich an den Fuß gestoßen, streich mir Teig darüber." Und als ihm der Bäcker die Pfote bestrichen hatte, so lief er zum Müller und sprach: „Streu' mir weißes Mehl auf meine Pfote!" Der Müller dachte: „Der Wolf

V. ˀim ˈvaldə.

ˈʃpraːx: ‖ „ˈliːbə | ˈkɪndər, ‖ ˀiç vɪl hiˈnaus (ˀ)ɪn dən ˈvalt, ‖
zait auf ɔyrər ˈhuːt | foːr dəm ˈvɔlf; ‖ vɛn ɛr heˈrain kɔmt, |
zo ˈfrɪst ɛr | (ˀ)ɔyç ˀalə | mɪt ˈhaut | (ˀ)unt ˈhaːr. ‖ dər ˈbeːzə-
vɪçt | fɛrˈʃtɛlt zɪç ˀɔft, ‖ ˀaːbər an zainər ˈrauən | ˈʃtɪmə |
(ˀ)unt an zainən ˈʃvartsən | ˈfyːsən | veːrdət iːr iːn ˈglaiç | 5
(ˀ)ɛrˈkɛnən." ‖ di ˈgaislain | ˈzaːᵏ/ₓ tən: ‖ „ˈliːbə ˈmutər, ‖ viːr
vɔlən uns ˈʃoːn | (ˀ)ɪn ˀaxt neːmən, ‖ ˀiːr kənt ˀoːnə | ˈzɔrᵍ/ⱼə |
ˈfɔrtgeːən." ‖ da ˈmɛkərtə di ˀaltə | (ˀ)unt maxtə zɪç gəˈtroːst |
auf dən ˈveːᵏ/꜀.

ˀɛs dauərtə nɪçt ˈlaŋo, | zo ˈklɔpftə jeːmant | (ˀ)an di 10
ˈhaustyːr | (ˀ)unt ˈriːf: ‖ „maxt ˀauf, ‖ ˀiːr liːbən ˈkɪndər,
ˀɔyrə ˈmutər ɪst daː | (ˀ)unt hat ˈjeːdəm fɔn ɔyç | ˀɛtvas
ˈmɪtgəbraxt." ‖ ˀaːbər di ˈgaisərçən | ˈhøːrtən | (ˀ)an dər ˈrauən
ˈʃtɪmə, ‖ das ɛs dər ˈvɔlf vaːr. ‖ „viːr maxən nɪçt ˀauf," ‖
ˈriːfən ziː, ‖ „du ˈbɪst | (ˀ)unzərə ˈmutər nɪçt, ‖ diː hat ainə 15
ˈfainə | (ˀ)unt ˈliːplɪçə ˈʃtɪmə, ‖ ˀaːbər ˈdainə ˈʃtɪmə | (ˀ)ɪst ˈrau; ‖
du bɪst dər ˈvɔlf." ‖ da gɪŋ dər vɔlf ˈfɔrt | tsu ainəm
ˈkreːmər | (ˀ)unt kauftə zɪç ain ˈgroːsəs | ˈʃtʏk | ˈkraidə, ‖ di ˀaːs
ɛr | (ˀ)unt maxtə damɪt zainə ˈʃtɪmə | ˈfain.‖ dan kaːm ɛr
tsuˈrʏk, ‖ klɔpftə an di ˈhaustyːr | (ˀ)unt ˈriːf: ‖ „maxt ˀauf, ‖ 20
ˀiːr liːbən ˈkɪndər, ‖ ˀɔyrə ˈmutər ɪst daː | (ˀ)unt hat ˈjeːdəm
fɔn ɔyç | ˀɛtvas ˈmɪtgəbraxt." ‖ ˀaːbər dər ˈvɔlf | hatə zainə
ˈʃvartsə | ˈpfoːtə | (ˀ)ɪn das ˈfɛnstər gəleːᵏ/꜀ t, ‖ das ˈzaːən di
kɪndər | (ˀ)unt ˈriːfən: ‖ „viːr maxən diːr nɪçt ˀauf, ‖ ˀunzərə
ˈmutər | hat kainən ˈʃvartsən | ˈfuːs | vi ˈduː; ‖ du bɪst dər 25
ˈvɔlf." ‖ da liːf dər ˈvɔlf | tsu ainəm ˈbɛkər | (ˀ)unt ˈʃpraːx: |
„ˀiç haːbə mɪç an dən ˈfuːs gəˈʃtoːsən, ‖ ˈʃtraiç miːr ˈtai ᵏ/꜀
daryːbər!" ‖ ˀunt als iːm dər ˈbɛkər | di ˈpfoːtə | bəˈʃtrɪçən
hatə, ‖ zo liːf ɛr tsum ˈmʏlər | (ˀ)unt ˈʃpraːx: ‖ „ˈʃtrɔyə miːr ˈvaisəs
| ˈmeːl | (ˀ)auf mainə ˈpfoːtə!" ‖ dər ˈmʏlər | ˈdaxtə: ‖ „dər ˈvɔlf 30

will einen betrügen," und weigerte sich, aber der Wolf sprach: „Wenn du es nicht tust, so fresse ich dich." Da fürchtete sich der Müller und machte ihm die Pfote weiß. Ja, so sind die Menschen.

Nun ging der Bösewicht zum dritten Mal zu der Haustüre, klopfte an und sprach: „Macht mir auf, Kinder, euer liebes Mütterchen ist heimgekommen und hat jedem von euch etwas aus dem Walde mitgebracht." Die Geißerchen riefen: „Zeig' uns erst deine Pfote, damit wir wissen, daß du unser liebes Mütterchen bist." Da legte er die Pfote ins Fenster, und als sie sahen, daß sie weiß war, so glaubten sie, es wäre alles wahr, was er sagte, und machten die Türe auf. Wer aber hereinkam, das war der Wolf. Sie erschraken und wollten sich verstecken. Das eine sprang unter den Tisch, das zweite ins Bett, das dritte in den Ofen, das vierte in die Küche, das fünfte in den Schrank, das sechste unter die Waschschüssel, das siebente in den Kasten der Wanduhr. Aber der Wolf fand sie alle und machte nicht langes Federlesen: eins nach dem andern schluckte er in seinen Rachen; nur das jüngste in dem Uhrkasten, das fand er nicht. Als der Wolf seine Lust gebüßt hatte, trollte er sich fort, legte sich draußen auf der grünen Wiese unter einen Baum und fing an zu schlafen.

Nicht lange danach kam die alte Geiß aus dem Walde wieder heim. Ach, was mußte sie da erblicken! Die Haustüre stand sperrweit auf: Tisch, Stühle und Bänke waren umgeworfen, die Waschschüssel lag in Scherben, Decke und Kissen waren aus dem Bett gezogen. Sie suchte ihre Kinder, aber nirgend waren sie zu finden. Sie rief

V. ʔɪm ˈvaldə.

vil ainən bəˈtryːⁱ/ⁱən,“ ‖ ʔʊnt ˈvaiⁱ/ⁱɔrtə zɪç, ‖ ʔaːbɔr dər ˈvɔlf |
ˈʃpraːx: ‖ „vɛn du ɛs nɪçt ˈtuːst, | zo ˈfrɛsə ɪç dɪç.“ ‖ da
ˈfʏrçtətə zɪç dər mʏlər | (ʔ)ʊnt maxtə iːm di ˈpfoːtə | ˈvais. ‖
ja, zo ˈzɪnt di mɛnʃən.

ˈnuːn | gɪŋ dər ˈbɛːzəvɪçt | tsʊm ˈdrɪtən maːl | tsu dər ˈhaus- 5
tyːrə, ‖ klɔpftə ʔan | (ʔ)ʊnt ˈʃpraːx: ‖ „maxt miːr ʔauf, | ˈkɪndər, ‖
ʔɔyər liːbəs ˈmʏtərçən | (ʔ)ɪst ˈhaimgəkɔmən | (ʔ)ʊnt hat ˈjeːdəm
fɔn ɔyç | ʔɛtvas aus dəm ˈvaldə | ˈmɪtgəbraxt.“ ‖ di ˈgaisər-
çən | ˈriːfən: ‖ „ˈtsaiⁱ/ⁱ ʊns ʔɛːrst | dainə ˈpfoːtə, | damɪt viːr
ˈvɪsən, | das du ʊnzər liːbəs ˈmʏtərçən bɪst.“ ‖ da leːᵏ/ᵩtə 10
ɛr di ˈpfoːtə | (ʔ)ɪns ˈfɛnstər, ‖ ʔʊnt als zi ˈzaːən, | das zi ˈvais
vaːr, ‖ zo ˈglauptən ziː, | (ʔ)ɛs veːrɔ ʔaləs | ˈvaːr, | vas ɛr
ˈzaːᵏ/ᵩtə, ‖ ʔʊnt maxtən di ˈtyːrɔ | ʔauf. ‖ veːr ʔaːbər hɛ ˈrain-
kaːm, | das vaːr dər ˈvɔlf. ‖ zi ɛrˈʃraːkən | (ʔ)ʊnt vɔltən zɪç
fɛr ˈʃtɛkən. ‖ das ʔainə | ʃpraŋ ʊntər dən ˈtɪʃ, ‖ das ˈtsvaitə | 15
(ʔ)ɪns ˈbɛt, ‖ das ˈdrɪtə | (ʔ)m dən ʔoːfən, ‖ das ˈfiːrtə | (ʔ)m di
ˈkʏçə, ‖ das ˈfʏnftə | (ʔ)in dən ˈʃraŋk, ‖ das ˈzɛkstə | (ʔ)ʊntər
di ˈvaʃʏrsəl, ‖ das ˈziːbəntə | (ʔ)m dən ˈkastən | dər ˈvantʔuːr. ‖
ʔaːbər dər ˈvɔlf | fant zi ʔalɔ | (ʔ)ʊnt maxtə nɪçt ˈlaŋəs |
ˈfeːdərleːzən: ‖ ʔains | naːx dəm ʔandərn | ˈʃlʊktə ɛr | (ʔ)m zainən 20
ˈraxən; ‖ ˈnuːr | das ˈjʏŋstə | (ʔ)m dəm ʔuːrkastən, ‖ das ˈfant
ɛr nɪçt. ‖ ʔals dər ˈvɔlf | zainə ˈlʊst | gəˈbyːst hatə, ‖ trɔltə
ɛr zɪç ˈfɔrt, ‖ ˈleːᵏ/ᵩtə zɪç ˈdrausən | (ʔ)auf dər gryːnən ˈviːzə |
(ʔ)ʊntər ainən ˈbaum | (ʔ)ʊnt fɪŋ ʔan | tsu ˈʃlaːfən.

nɪçt ˈlaŋə | daˈnaːx | kaːm di ʔaltə | ˈgais | (ʔ)aus dəm 25
ˈvaldə | viːdər ˈhaim. ‖ ʔax, ‖ vas mʊstə zi ˈdaː: | (ʔ)ɛr ˈblɪkən! ‖
di ˈhaustyːrɔ | ʃtant ˈʃpɛr, ˈvait | ʔauf: ‖ tɪʃ, | ˈʃtyːlə | (ʔ)ʊnt
ˈbɛŋkə | vaːrən ʔʊmgəvɔrfən, ‖ di ˈvaʃʏrsəl | laːᵏ/ₓ in ˈʃɛrbən, ‖
ˈdɛkə | (ʔ)ʊnt ˈkɪsən | vaːrən aus dəm ˈbɛt gətsoːⁱ/ᵍən. ‖ zi ˈzuːxtə |
(ʔ)iːrə ˈkɪndər, ‖ ʔaːbər ˈnɪrⁱ/ⁱənt | vaːrən zi tsu ˈfɪndən. ‖ zi ˈriːf 30

sie nacheinander bei Namen, aber niemand antwortete. Endlich, als sie an das jüngste kam, da rief eine feine Stimme: „Liebe Mutter, ich stecke im Uhrkasten." Sie holte es heraus, und es erzählte ihr, daß der Wolf gekommen wäre und die andern alle gefressen hätte. Da könnt ihr denken, wie sie über ihre armen Kinder geweint hat.

Endlich ging sie in ihrem Jammer hinaus, und das jüngste Geißlein lief mit. Als sie auf die Wiese kam, so lag da der Wolf an dem Baum und schnarchte, daß die Äste zitterten. Sie betrachtete ihn von allen Seiten und sah, daß in seinem angefüllten Bauch sich etwas regte und zappelte. „Ach Gott," dachte sie, „sollten meine armen Kinder, die er zum Abendbrot hinuntergewürgt hat, noch am Leben sein?" Da mußte das Geißlein nach Haus laufen und Schere, Nadel und Zwirn holen. Dann schnitt sie dem Ungetüm den Wanst auf, und kaum hatte sie einen Schnitt getan, so streckte schon ein Geißlein den Kopf heraus, und als sie weiterschnitt, so sprangen nacheinander alle sechse heraus, und waren noch alle am Leben und hatten nicht einmal Schaden gelitten, denn das Ungetüm hatte sie in der Gier ganz hinuntergeschluckt. Das war eine Freude! Da herzten sie ihre liebe Mutter und hüpften wie ein Schneider, der Hochzeit hält. Die Alte aber sagte: „Jetzt geht und sucht Wackersteine, damit wollen wir dem gottlosen Tier den Bauch füllen, so lange es noch im Schlafe liegt." Da schleppten die sieben Geißerchen in aller Eile die Steine herbei und steckten sie ihm in den Bauch, so viel sie hineinbringen konnten. Dann nähte ihn die Alte in aller Geschwindigkeit wieder zu, daß er nichts merkte und sich nicht einmal regte.

V. ˀɪm ˈvaldə. 85

zi: | ˈnaːx | (ˀ)aiˈnandər | bai ˈnaːmən, ‖ ˀaːbər ˈniːmant | ˈˀantvɔrtətə. ‖ ˈˀɛntlɪç, ‖ ˀals zi an das ˈjʏŋstə kaːm, ‖ da ˈriːf | (ˀ)ainə ˈfainə | ˈʃtɪmə: ‖ „liːbə ˈmutər, ‖ ˀɪç ˈʃtɛkə ɪm ˈˀuːrkastən." ‖ zi hoːltə ɛs heˈraus, ‖ ˀunt ɛs ɛrˈtsɛːltə iːr, | das dər ˈvɔlf gəkɔmən vɛːrə (ˀ)unt di ˈˀandərn | ˈˀalə | gəˈfrɛsən hɛtə. ‖ da kɔnt 5 iːr ˈdɛŋkən, | vi zi yːbər iːrə ˈˀarmən | ˈkɪndər | gəˈvaint hat.

ˈˀɛntlɪç | gɪŋ zi ɪn iːrəm ˈjamər | hɪˈnaus, ‖ ˀunt das ˈjʏŋstə | ˈgaislain | liːf ˈmɪt. ‖ ˀals zi auf di ˈviːzə kaːm, ‖ zo ˈlaːᵏ/ₓ daː: | dər ˈvɔlf | (ˀ)an dəm ˈbaum | (ˀ)unt ˈʃnarçtə | das di ˈˀɛstə tsɪtərtən. ‖ zi bəˈtraxtətə iːn | fɔn ˈˀalən | ˈzaitən | 10 (ˀ)unt ˈzaː:, | das ɪn zainəm ˈˀangəfʏltən | ˈbaux | zɪç ˀɛtvas ˈreːᵏ/꜀ tə | (ˀ)unt ˈzapəltə. ‖ „ˀax ˈgɔt," ‖ ˈdaxtə ziː, ‖ „zɔltən mainə ˈˀarmən | ˈkɪndər, ‖ di ɛr tsʊm ˈˀaːbəntbroːt hɪnʊntərgəvʏrᵏ/꜀ t hat, ‖ nɔx am ˈleːbən zain?" ‖ da mʊstə das ˈgaislain | naːx ˈhauzə laufən | (ˀ)unt ˈʃɛːrə, | ˈnaːdəl | (ˀ)unt ˈtsvɪrn 15 hoːlən. ‖ ˈdan | ʃnɪt zi dəm ˈˀungətyːm | dən ˈvanst ˀauf, ‖ ˀunt ˈkaum | hatə zi ˈˀainən | ˈʃnɪt gətaːn; ‖ zo ˈʃtrɛktə ʃoːn | (ˀ)ain ˈgaislain | dən ˈkɔpf hɛraus, ‖ ˀunt als zi ˈvaitərʃnɪt, ‖ zo ˈʃpraŋən | ˈnaːx|(ˀ)aiˈnandər | ˈˀalə | ˈzɛksə hɛraus, ‖(ˀ)unt vaːrən nɔx ˈˀalə | (ˀ)am ˈleːbən | (ˀ)unt hatən nɪçt ainmaːl ˈʃaːdən gə- 20 lɪtən, ‖ dɛn das ˈˀungətyːm | hatə zi ɪn dər ˈgiːr | ˈgants hɪnʊntərgəʃlʊkt. ‖ ˈdas | vaːr ainə ˈfrɔydə! ‖ da ˈhɛrtstən zi | (ˀ)iːrə liːbə ˈmutər | (ˀ)unt ˈhʏpftən | vi ain ˈʃnaidər, | deːr ˈhɔxtsait hɛlt. ‖ di ˈˀaltə ˀaːbər | ˈzaːᵏ/ₓ tə : ‖ „jɛtst ˈgeːt | (ˀ)unt zuːxt ˈvakərʃtainə, ‖ ˈdaːmɪt | vɔlən viːr dɛm ˈgɔtloːzən | ˈtiːr | dən ˈbaux 25 fʏlən, | zo laŋə ɛs nɔx ɪm ˈʃlaːfə liːᵏ/꜀ t." ‖ da ˈʃlɛptən | di ziːbən ˈgaisərçən | (ˀ)ɪn ˈˀalər | ˈˀailə | di ˈʃtainə hɛrbai | (ˀ)unt ˈʃtɛktən zi iːm | (ˀ)ɪn dən ˈbaux, ‖ zo ˈfiːl zi hɪˈnainbrɪŋən kɔntən. ‖ ˈdan | ˈnɛːtə iːn | di ˈˀaltə | (ˀ)ɪn ˈˀalər | gə ˈʃvɪndɪ⁽ᵏ⁾/꜀ kait | viːdər ˈtsuː:, ‖ das ɛr nɪçts ˈmɛrktə | (ˀ)unt zɪç nɪçt ainmaːl ˈreːᵏ/꜀ tə. 30

Als der Wolf endlich ausgeschlafen hatte, machte er sich auf die Beine, und weil ihm die Steine im Magen so großen Durst erregten, so wollte er zu einem Brunnen gehen und trinken. Als er anfing zu gehen und sich hin und her zu bewegen, so stießen die Steine in seinem Bauch aneinander und rappelten. Da rief er:

„Was rumpelt und pumpelt
In meinem Bauch herum?
Ich meinte, es wären sechs Geißlein,
So sind's lauter Wackerstein."

Und als er an den Brunnen kam und sich über das Wasser bückte und trinken wollte, da zogen ihn die schweren Steine hinein, und er mußte jämmerlich ersaufen. Als die sieben Geißlein das sahen, da kamen sie herbeigelaufen, riefen laut: „Der Wolf ist tot! Der Wolf ist tot!" und tanzten mit ihrer Mutter vor Freude um den Brunnen herum. Brüder Grimm.

---

37. Rotkäppchen.

Es war einmal eine kleine süße Dirne, die hatte jedermann lieb, der sie nur ansah, am allerliebsten aber ihre Großmutter, die wußte gar nicht, was sie alles dem Kinde geben sollte. Einmal schenkte sie ihm ein Käppchen von rotem Sammet, und weil ihm das so wohl stand und es nichts anders mehr tragen wollte, hieß es nur das Rotkäppchen. Eines Tages sprach seine Mutter zu ihm: „Komm, Rotkäppchen, da hast du ein Stück Kuchen und eine Flasche Wein, bring das der Großmutter

V. 'm 'valdə.

ʔals der 'vɔlf | 'ʔɛntlɪç | 'ʔausgəʃlaːfən hatə, ‖ maxtə ɛr zɪç auf di 'bainə, ‖ ʔʊnt vail iːm di 'ʃtainə | (ʔ)ɪm 'maː ᵍ/ɡən | zo 'groːsən | 'dʊrst ɛrreː ᵏ/ₑ tən, ‖ zo vɔltə ɛr tsu ainəm 'brʊnən geːən | (ʔ)ʊnt 'trɪŋkən. ‖ ʔals ɛr 'ʔanfɪŋ | tsu geːən | (ʔ)ʊnt zɪç 'hm | (ʔ)ʊnt 'heːr tsu bəveː ᵍ/ⱼ ən, ‖ zo 'ʃtiːsən | 5
di 'ʃtainə | (ʔ)ɪn zainəm 'baux | (ʔ)anai 'nandər | (ʔ)ʊnt 'rapəltən. ‖ da 'riːf ɛr: ‖

„vas 'rʊmpəlt | (ʔ)ʊnt 'pʊmpəlt |
(ʔ)ɪn mainəm 'baux hɛrʊm? ‖
ʔɪç 'maintə, | (ʔ)ɛs vɛːrən zɛks 'gaislain, ‖ 10
zo zɪnts 'lautər | 'vakərʃtain."

ʔʊnt als ɛr an dən 'brʊnən kaːm | (ʔ)ʊnt zɪç yːbər das 'vasər bʏktə | (ʔ)ʊnt 'trɪŋkən vɔltə, ‖ da 'tsoː ᵍ/ɡən iːn | di 'ʃveːrən | 'ʃtainə | hɪ 'nain, ‖ ʔʊnt ɛr mʊstə 'jɛmərlɪç | (ʔ)ɛr 'zaufən. ‖ ʔals di ziːbən 'gaislain | das 'zaːən, ‖ da kaːmən zi hɛr 'baigəlaufən | 15
(ʔ)ʊnt riːfən 'laut: ‖ „dər 'vɔlf ɪst toːt! ‖ dər 'vɔlf ɪst toːt!" ‖
ʔʊnt 'tantstən | mɪt iːrər 'mʊtər | foːr 'frɔydə | (ʔ)ʊm dən 'brʊnən herʊm.   bryːdər 'grɪm.

---

37. roːtkɛpçən.

ʔɛs vaːr ainmaːl ainə 'klainə | 'zyːsə | 'dɪrnə, ‖ diː hatə 'jeːdərman | 'liːp, | deːr zi nuːr 'ʔanzaː, ‖ ʔam 'ʔalər | 'liːpstən ʔaːbər | (ʔ)iːrə 'groːsmʊtər, ‖ diː 'vʊstə gaːr nɪçt, | vas zi 'ʔaləs | dəm 'kɪndə | 'geːbən zɔltə. ‖ 'ʔainmaːl | ʃɛŋktə zi iːm ain 5
'kɛpçən | fɔn 'roːtəm | 'zamət, ‖ ʔʊnt vail iːm das zo 'voːl ʃtant, | (ʔ)ʊnt ɛs nɪçts 'ʔandərs | mɛːr 'traː ᵍ/ɡən vɔltə, ‖ hiːs ɛs 'nuːr | das 'roːtkɛpçən. ‖ ʔainəs 'taː ᵍ/ɡəs | ʃpraːx zainə mʊtər tsu iːm: ‖ „kɔm, ‖ 'roːtkɛpçən, ‖ daː hast du ain ʃtʏk 'kuːxən | (ʔ)ʊnt ainə flaʃə 'vain, ‖ brɪŋ das dər 'groːsmʊtər 10

hinaus; sie ist krank und schwach und wird sich daran laben. Mach' dich auf, bevor es heiß wird, und wenn du hinaus kommst, so geh hübsch sittsam, und lauf nicht vom Weg ab, sonst fällst du und zerbrichst das Glas, und die Großmutter hat nichts. Und wenn du in ihre Stube kommst, so vergiß nicht, guten Morgen zu sagen, und guck' nicht erst in alle Ecken herum."

„Ich will schon alles gut machen," sagte Rotkäppchen zur Mutter und gab ihr die Hand darauf. Die Großmutter aber wohnte draußen im Wald, eine halbe Stunde vom Dorf. Wie nun Rotkäppchen in den Wald kam, begegnete ihm der Wolf. Rotkäppchen aber wußte nicht, was das für ein böses Tier war, und fürchtete sich nicht vor ihm. „Guten Tag, Rotkäppchen," sprach er. „Schönen Dank, Wolf." „Wohinaus so früh, Rotkäppchen?" „Zur Großmutter." „Was trägst du unter der Schürze?" „Kuchen und Wein: gestern haben wir gebacken, da soll sich die kranke und schwache Großmutter etwas zu gut tun und sich damit stärken." „Rotkäppchen, wo wohnt deine Großmutter?" „Noch eine gute Viertelstunde weiter im Wald, unter den drei großen Eichbäumen, da steht ihr Haus, unten sind die Nußhecken, das wirst du ja wissen," sagte Rotkäppchen. Der Wolf dachte bei sich: „Das junge, zarte Ding, das ist ein fetter Bissen, der wird noch besser schmecken als die Alte: du mußt es listig anfangen, damit du beide erschnappst." Da ging er ein Weilchen neben Rotkäppchen her, dann sprach er: „Rotkäppchen, sieh einmal die schönen Blumen, die rings umher stehen, warum guckst du dich nicht um? Ich glaube, du hörst gar nicht, wie die

V. 'ım 'valdə.

hınaus; ‖ zi ɪst 'kraŋk | (ˀ)ʊnt 'ʃvax | (ˀ)ʊnt vɪrt zıç daran
'laːbən. ‖ max dıç 'ˀauf, ‖ bəfoːr ɛs 'hais vɪrt, ‖ ˀʊnt vɛn du
hı'naus kɔmst, | zo geː hʏpʃ 'zɪtzaːm, | (ˀ)ʊnt lauf nıçt
fɔm 've:ᵏ/ꞔ ˀap, ‖ zɔnst 'fɛlst du | (ˀ)ʊnt tsɛr'brıçst | das 'glaːs,
| (ˀ)ʊnt di 'groːsmʊtər | hat 'nıçts. ‖ ˀʊnt vɛn du ın iːrə 'ʃtuːbə 5
kɔmst, | zo fɛr'gɪs nıçt, | guːtən 'mɔrᵍ/ⱼən tsu zaː:ᵍ/ɡən, ‖ ˀʊnt
'gʊk nıçt ˀeːrst | (ˀ)ın ˀalə 'ˀɛkən hɛrʊm."
„ˀıç vıl 'ʃoːn | 'ˀaləs | 'guːt maxən," ‖ zaː:ᵏ/ₓtə 'roːt-
kɛpçən ¡ tsʊr 'mʊtər | (ˀ)ʊnt gaːp iːr di 'hant darauf. ‖ di 'groːs-
mʊtər ˀaːbər | voːntə 'drausən | (ˀ)ım 'valt, ‖ ˀainə 'halbə | 10
'ʃtundə | fɔm 'dɔrf. ‖ vi nuːn 'roːtkɛpçən | (ˀ)ın dən 'valt kaːm, |
bə'geː:ᵍ/ⱼnətə iːm | dər 'vɔlf. ‖ 'roːtkɛpçən ˀaːbər | 'vʊstə
nıçt, | vas das fyːr ain 'beːzəs | 'tiːr vaːr, | (ˀ)ʊnt 'fʏrçtətə
zıç | 'nıçt foːr iːm. ‖ „guːtən 'taːᵏ/ₓ, ‖ 'roːtkɛpçən," ‖ 'ʃpraːx ɛr.
‖ „ʃeːnən 'daŋk, ‖ 'vɔlf." ‖ „voːhı'naus zo fryː:, ‖ 'roːt- 15
kɛpçən?" ‖ „tsʊr 'groːsmʊtər." ‖ vas 'trɛːᵏ/ꞔs(t) du | (ˀ)ʊntər
dər 'ʃʏrtsə?" ‖ „kuːxən | (ˀ)ʊnt 'vain: ‖ 'gɛstərn | haːbən viːr
gə'bakən, ‖ da zɔl zıç di 'kraŋkə | (ˀ)ʊnt 'ʃvaxə 'groːsmʊtər |
ˀɛtvas tsu 'guːt tuːn | (ˀ)ʊnt zıç damɪt 'ʃtɛrkən." ‖ „roːt-
kɛpçən, ‖ vo 'voːnt | dainə 'groːsmʊtər?" ‖ „nɔx ainə 'guːtə | 20
fɪrtəl'ʃtundə | 'vaitər | (ˀ)ım 'valt, ‖ ˀʊntər dən 'drai | 'groːsən |
'ˀaiçbɔymən, ‖ 'daː | ʃteːt iːr 'haus, ‖ 'ˀʊntən | zınt di 'nʊs-
hɛkən, ‖ das vırst du ja 'vɪsən," ‖ zaː:ᵏ/ₓtə 'roːtkɛpçən. ‖
dər 'vɔlf | daxtə bai 'zıç: ‖ ,,das 'jʊŋə, | 'tsaːrtə | 'dıŋ, ‖ das
ɪst ain 'fɛtər | 'bɪsən, ‖ deːr vırt nɔx 'bɛsər ʃmɛkən | (ˀ)als 25
di 'ˀaltə: ‖ du mʊst ɛs 'lɪstı⁽ᵏ⁾/ꞔ ˀanfaŋən, | damɪt du 'baidə
ɛrʃnapst." ‖ da gıŋ ɛr ain 'vailçən | neːbən 'roːtkɛpçən |
'heːr, ‖ 'dan | 'ʃpraːx ɛr: ‖ „roːtkɛpçən, | ziː ainmal di ʃeːnən
'bluːmən, | diː 'rıŋs | (ˀ)ʊm 'heːr ʃteːən, ‖ varʊm gʊkst du
dıç nıçt 'ˀʊm? ‖ 'ıç 'glaubə, | du 'heːrst gaːr nıçt, | vi di 30

Vöglein so lieblich singen? Du gehst ja für dich hin, als wenn du zur Schule gingst, und ist so lustig draußen in dem Wald."

Rotkäppchen schlug die Augen auf, und als es sah, wie die Sonnenstrahlen durch die Bäume hin und her tanzten und alles voll schöner Blumen stand, dachte es: „Wenn ich der Großmutter einen frischen Strauß mitbringe, der wird ihr auch Freude machen; es ist so früh am Tag, daß ich doch zu rechter Zeit ankomme," lief vom Wege ab in den Wald hinein und suchte Blumen. Und wenn es eine gebrochen hatte, meinte es, weiter hinaus stände eine schönere, und lief darnach und geriet immer tiefer in den Wald hinein. Der Wolf aber ging geradeswegs nach dem Haus der Großmutter und klopfte an die Türe. „Wer ist draußen?" „Rotkäppchen, das bringt Kuchen und Wein, mach' auf." „Drück' nur auf die Klinke," rief die Großmutter, „ich bin zu schwach und kann nicht aufstehen." Der Wolf drückte auf die Klinke, die Türe sprang auf, und er ging, ohne ein Wort zu sprechen, gerade zum Bett der Großmutter und verschluckte sie. Dann tat er ihre Kleider an, setzte ihre Haube auf, legte sich in ihr Bett und zog die Vorhänge vor.

Rotkäppchen aber war nach den Blumen herumgelaufen, und als es soviel zusammen hatte, daß es keine mehr tragen konnte, fiel ihm die Großmutter wieder ein, und es machte sich auf den Weg zu ihr. Es wunderte sich, daß die Türe aufstand, und wie es in die Stube trat, so kam es ihm so seltsam darin vor, daß es dachte: „Ei du mein Gott, wie ängstlich wird mir's heute zu Mut, und bin sonst so gerne bei der Großmutter!" Es rief:

V. ˀɪm ˈvaldə.

ˈføːᵍ/ⱼlain | zo ˈliːplɪç | ˈzɪŋən? ‖ du ˈgeːst jaː | fyːr dɪç ˈhɪn, |
(ˀ)als vɛn du tsʊr ˈʃuːlə gɪŋst, ‖ ˀʊnt ɪst zo ˈlʊstɪ⁽ᵏ⁾/ᶜ drausən |
(ˀ)m dəm ˈvalt."

ˈroːtkɛpçən | ʃluːᵏ/ₓ di ˀauᵍ/gən ˀauf, ‖ ˀʊnt als ɛs ˈzaː, |
vi di ˈzɔnənʃtraːlən | dʊrç di ˈbɔymə | ˈhɪn | (ˀ)ʊnt ˈheːr
tantstɔn, | (ˀ)ʊnt ˀaləs | fɔl ʃøːnər ˈbluːmən ʃtant, ‖ ˈdaxtə ɛs : ‖
„vɛn ɪç dər ˈgroːsmʊtər | (ˀ)ainən frɪʃən ˈʃtraus mɪtbrɪŋə, |
deːr vɪrt iːr ˀaux | ˈfrɔydə maxən; ‖ ˀɛs ɪst zo ˈfryː am taːᵍ/gə, |
das ɪç ˈdɔx | tsu ˈrɛçtər | ˈtsait | ˀankɔmə," ‖ liːf fɔm ˈveːᵍ/ⱼə |
ˀap | (ˀ)m dən ˈvalt hɪnain | (ˀ)ʊnt zuːxtə ˈbluːmən. ‖ ˀʊnt vɛn
ɛs ˀainə gəˈbrɔxən hatə, ‖ ˈmaintə ɛs, | ˈvaitər hɪnaus | ʃtɛndə
ainə ˈʃøːnərə, ‖ ˀʊnt ˈliːf daːrnaːx | (ˀ)ʊnt gəˈriːt | ˈɪmər | ˈtiːfər |
(ˀ)ɪn dən ˈvalt hɪnain. ‖ dər ˈvɔlf ˀaːbər | gɪŋ gəˈraːdəs | ˈveːᵏ/ᶜs |
naːx dəm ˈhaus | dər ˈgroːsmʊtər | (ˀ)ʊnt klɔpftə an di ˈtyːrə. ‖
„veːr ɪst ˈdrausən?" ‖ „ˈroːtkɛpçən, ‖ das brɪŋt ˈkuːxən |
(ˀ)ʊnt ˈvain, ‖ max ˀauf!" ‖ „drʏk nuːr auf di ˈklɪŋkə!" ‖
riːf di ˈgroːsmʊtər, ‖ „ˀɪç bɪn tsu ˈʃvax | (ˀ)ʊnt kan nɪçt
ˀaufʃteːən." ‖ dər ˈvɔlf | drʏktə auf di ˈklɪŋkə, ‖ di tyːrə
ʃpraŋ ˀauf, ‖ ˀʊnt ɛr gɪŋ, | (ˀ)oːnə ain ˈvɔrt | tsu ˈʃprɛçən, |
gəˈraːdə | tsʊm ˈbɛt | dər ˈgroːsmʊtər | (ˀ)ʊnt fɛr ˈʃlʊktə ziː. ‖
ˈdan | taːt ɛr iːrə ˈklaidər ˀan, ‖ zɛtstə iːrə ˈhaubə ˀauf, ‖
leːᵏ/ᶜtə zɪç ɪn iːr ˈbɛt ‖ ˀʊnt tsoːᵏ/ₓ di ˈfɔːrhɛŋə fɔr.

ˈroːtkɛpçən ˀaːbər | vaːr naːx dən ˈbluːmən hɛrʊm-
gəlaufən, ‖ ˀʊnt als ɛs zoˈfiːl | tsu ˈzamən hatə, | das ɛs ˈkainə
meːr | ˈtraːᵍ/gən kɔntə, ‖ fiːl iːm di ˈgroːsmʊtər viːdər ˀain, ‖
ˀʊnt ɛs maxtə zɪç auf dən ˈveːᵏ/ᶜ tsu iːr. ‖ ˀɛs ˈvʊndərtə
zɪç, | das di ˈtyːrə ˀaufʃtant, ‖ ˀʊnt vi ɛs ɪn di ˈʃtuːbə traːt, |
zo kaːm ɛs iːm zo ˈzɛltzaːm darɪn fɔːr, | das ɛs ˈdaxtə: ‖ „ˀai
du main ˈgɔt, ‖ vi ˀɛŋstlɪç | vɪrt miːrs ˈhɔytə | tsu ˈmuːt, ‖
ˀʊnt bɪn ˈzɔnst | zo ˈgɛrnə bai dər groːsmʊtər!" ‖ ˀɛs riːf:

„Guten Morgen," bekam aber keine Antwort. Darauf ging es zum Bett und zog die Vorhänge zurück; da lag die Großmutter und hatte die Haube tief ins Gesicht gesetzt und sah so wunderlich aus. „Ei Großmutter, was hast du für große Ohren!" „Daß ich dich besser hören kann." „Ei Großmutter, was hast du für große Augen!" „Daß ich dich besser sehen kann." „Ei Großmutter, was hast du für große Hände!" „Daß ich dich besser packen kann." „Aber Großmutter, was hast du für ein entsetzlich großes Maul!" „Daß ich dich besser fressen kann." Kaum hatte der Wolf das gesagt, so tat er einen Satz aus dem Bette und verschlang das arme Rotkäppchen.

Wie der Wolf sein Gelüsten gestillt hatte, legte er sich wieder ins Bett, schlief ein und fing an, überlaut zu schnarchen. Der Jäger ging eben an dem Haus vorbei und dachte: „Wie die alte Frau schnarcht; du mußt doch sehen, ob ihr etwas fehlt." Da trat er in die Stube, und wie er vor das Bette kam, so sah er, daß der Wolf darin lag. „Finde ich dich hier, du alter Sünder," sagte er, „ich habe dich lange gesucht." Nun wollte er seine Büchse anlegen, da fiel ihm ein, der Wolf könnte die Großmutter gefressen haben, und sie wäre noch zu retten: schoß nicht, sondern nahm eine Schere und fing an, dem schlafenden Wolf den Bauch aufzuschneiden. Wie er ein paar Schnitte getan hatte, da sah er das rote Käppchen leuchten, und noch ein paar Schnitte, da sprang das Mädchen heraus und rief: „Ach, wie war ich erschrocken, wie war's so dunkel in dem Wolf seinem Leib!" Und dann kam die alte Großmutter auch noch lebendig heraus

V. 'ım 'valdə.

"guːtən 'mɔrɡ/jən," | bəkaːm ˀaːbər kainə ˀantvɔrt. ‖ daˈrauf gıŋ ɛs tsum 'bɛt | (ˀ)unt tsoː:ᵏ/ₓ di 'fɔːrheŋə tsurʏk; ‖ da 'laːᵏ/ₓ di grɔːsmutər | (ˀ)unt hatə di 'haubə ‖ 'tiːf | (ˀ)ıns gə'zıçt gəzɛtst | (ˀ)unt zaː zo 'vundərlıç ˀaus. | „ˀai 'groːsmutər, ‖ vas hast du fyːr 'groːsə | 'ˀoːrən!" ‖ „das ıç dıç 'bɛsər | 'heːrən 5 kan." ‖ „ˀai 'groːsmutər, ‖ vas hast du fyːr 'groːsə | 'ˀauɡ/ɡən!" ‖ „das ıç dıç 'bɛsər | 'zeːən kan." ‖ „ˀai 'groːsmutər, ‖ vas hast du fyːr 'groːsə | 'hɛndə!" ‖ „das ıç dıç 'bɛsər | 'pakən kan." ‖ „ˀaːbər 'groːsmutər, ‖ vas hast du fyːr ain ɛnt'zɛtslıç | 'groːsəs | 'maul!" ‖ „das ıç dıç 'bɛsər 10 'frɛsən kan." ‖ 'kaum | hatə dər 'vɔlf | das gə'zaːᵏ/ₓt, | zo taːt ɛr ainən 'zats | (ˀ)aus dəm 'bɛtə | (ˀ)unt fɛr 'ʃlaŋ | das ˀarmə 'roːtkɛpçən.

vi dər 'vɔlf | zain gə'lʏstən | gə'ʃtılt hatə, ‖ 'leːᵏ/ꞯtə ɛr zıç viːdər | (ˀ)ıns 'bɛt, | ʃliːf 'ˀain | (ˀ)unt fıŋ 'ˀan | 'ˀyːbər,'laut' 15 tsu 'ʃnarçən. ‖ dər 'jɛːɡ/jər | gıŋ ˀeːbən an dəm 'haus | foːr'bai | (ˀ)unt 'daxtə: ‖ „vi di 'ˀaltə | 'frau | 'ʃnarçt; ‖ du must dɔx 'zeːən, | (ˀ)ɔp iːr 'ˀɛtvas 'feːlt." ‖ da traːt ɛr ın di 'ʃtuːbə, ‖ ˀunt vi ɛr foːr das 'bɛtə kaːm, | zo 'zaː ɛr, | das dər 'vɔlf | da'rın laːᵏ/ₓ. ‖ „fındə ıç dıç 'hiːr, ‖ du 'ˀaltər | 'zʏndər," ‖ 20 'zaːᵏ/ₓtə ɛr, ‖ „ˀıç haːbə dıç 'laŋə | gə'zuːxt." ‖ nuːn vɔltə ɛr zainə 'bʏksə ˀanleːɡ/jən, ‖ da fiːl iːm 'ˀain, | dər vɔlf kɛntə di 'groːsmutər | gə'frɛsən haːbən, | (ˀ)unt zi vɛːrə nɔx tsu 'rɛtən: ‖ 'ʃɔs 'nıçt, ‖ zɔndərn naːm ainə 'ʃeːrə | (ˀ)unt fıŋ 'ˀan, dəm 'ʃlaːfəndən | 'vɔlf | dən 'baux ˀauftsuʃnaidən. ‖ viː ɛr ain 25 'paːr | 'ʃnıtə gətaːn hatə, ‖ da 'zaː ɛr | das 'roːtə | 'kɛpçən lɔyçtən, ‖ (ˀ)unt 'nɔx ain paːr ʃnıtə, ‖ da 'ʃpraŋ | das 'meːtçən | hɛ'raus | (ˀ)unt 'riːf: ‖ „ˀax, ‖ vi vaːr ıç ɛr'ʃrɔkən, ‖ vi vaːrs zo 'duŋkəl | (ˀ)ın dəm 'vɔlf | zainəm 'laip!" ‖ ˀunt 'dan kaːm di ˀaltə 'groːsmutər | 'ˀaux nɔx | lɛ'bɛndı⁽ᵏ⁾/ꞯ | hɛ'raus 30

und konnte kaum atmen. Rotkäppchen aber holte geschwind große Steine, damit füllten sie dem Wolf den Leib, und wie er aufwachte, wollte er fortspringen, aber die Steine waren so schwer, daß er gleich niedersank und sich tot fiel.

Da waren alle drei vergnügt; der Jäger zog dem Wolf den Pelz ab und ging damit heim, die Großmutter aß den Kuchen und trank den Wein, den Rotkäppchen gebracht hatte, und erholte sich wieder, Rotkäppchen aber dachte: „Du willst dein Lebtag nicht wieder allein vom Wege ab in den Wald laufen, wenn dir's die Mutter verboten hat."
Brüder Grimm.

38. Die Bärenhaut.

Zwei Jägerburschen hatten von einem Bären gehört, welcher sich in dem Walde aufhalten sollte. Und weil man lange keinen so großen und starken Bären gesehen hatte, so freuten sie sich über den schönen Pelz, den sie dem Bären abziehen wollten. „Wenn ich ihn schieße," sagte der eine, „so laß ich mir einen Mantel davon machen, der soll mich im Winter hübsch warm halten." „Nein," sagte der andere, „ich schieße den Bären und verkaufe den Pelz. Der Kürschner bezahlt mir zehn Taler dafür, die sollen mir schön in dem Beutel klingen."

Unterdessen war es Zeit geworden, in den Wald zu gehen. Als sie aber so allein darin waren und von ferne den Tritt des Bären hörten, da wurde es ihnen doch ein wenig bange. Als er nun gar näher kam

V. ˈʔɪm ˈvaldə.

(ʔ)ʊnt kɔntə ˈkaʊm | ˈʔaːtmən. ‖ ˈroːtkɛpçən ʔaːbər | hoːltə gə-
ˈʃvɪnt | ˈgroːsə | ˈʃtainə, ‖ damɪt ˈfʏltən zi | dəm ˈvɔlf | dən ˈlaip, ‖
ʔʊnt vi ɛr ˈʔaufvaxtə, | vɔltə ɛr ˈfɔrtʃprɪŋən, ‖ ʔaːbər di ˈʃtainə |
vaːrən zo ˈʃveːr | das ɛr ˈglaiç | ˈniːdərzaŋk | (ʔ)ʊnt zɪç
ˈtoːt fiːl. 5

da vaːrən ˈʔalə ˈdrai | fɛr ˈgny:$^k/_c$ t; ‖ dər ˈjɛː$^9/_j$ər | tsoː$^k/_x$ dəm
ˈvɔlfə | dən ˈpɛlts ʔap | (ʔ)ʊnt gɪŋ damɪt ˈhaim, ‖.di ˈgroːs-
mʊtər | ˈʔaːs | dən ˈkuːxən | (ʔ)ʊnt ˈtraŋk | dən ˈvain, | deːn
ˈroːtkɛpçən | gə ˈbraxt hatə, | (ʔ)ʊnt ɛr ˈhoːltə zɪç viːder, ‖ ˈroːt-
kɛpçən ʔaːbər | ˈdaxtə: ‖ „du vɪlst dain ˈleːpta:$^k/_x$ | nɪçt 10
viːdər ʔa ˈlain | fɔm ˈveː$^9/_j$ə ʔap | (ʔ)m dən ˈvalt laufen, ‖
vɛn diːrs di ˈmʊtər | fɛr ˈboːtən hat."
bryːdər ˈgrɪm.

---

38. di ˈbɛːrənhaut.

tsvai ˈjɛː$^9/_j$ərbʊrʃən | hatən fɔn ainəm ˈbɛrən gəheːrt, ‖
vɛlçər zɪç ɪn dəm ˈvaldə | ˈʔaufhaltən zɔltə. ‖ ʔʊnt vail
man ˈlaŋə | kainən zo ˈgroːzən | (ʔ)ʊnt ˈʃtarkən | ˈbɛːrən | gə ˈzeːən
hatə, ‖ zo ˈfrɔytən zi zɪç | (ʔ)yːbər dən ˈʃoːnən | ˈpɛlts, ‖ deːn zi 5
dəm ˈbɛːrən | ˈʔaptsiːən vɔltən. ‖ „vɛn ɪç iːn ˈʃiːsə," ‖ zaː$^k/_x$tə
dər ˈʔainə, ‖ „zo las ɪç miːr ainən ˈmantəl dafɔn maxən, ‖
deːr zɔl mɪç ɪn ˈvɪntər | hʏpʃ ˈvarm haltən." ‖ „nain," ‖ zaː$^k/_x$tə
dər ˈʔandərə, ‖ „ʔɪç ˈʃiːsə | dən ˈbɛːrən | (ʔ)ʊnt fɛr ˈkaufə | dən ˈpɛlts.
‖ dər ˈkʏrʃnər | bətsaːlt miːr ˈtseːn | ˈtaːlər dafyːr, ‖ diː zɔlən 10
miːr ˈʃeːn | (ʔ)ɪn dəm ˈbɔytəl klɪŋən."

ʔʊntər ˈdɛsən | vaːr ɛs ˈtsait gəvɔrdən, | (ʔ)m dən ˈvalt
tsu geːən. ‖ ʔals zi ʔaːbər zo ʔa ˈlain darɪn vaːrən | (ʔ)ʊnt fɔn
ˈfɛrnə | dən ˈtrɪt | dɛs ˈbɛːrən hɛːrtən, ‖ da vʊrdə ɛs iːnən
ˈdɔx | (ʔ)ain veːnɪ$^{(k)}/_c$ ˈbaŋə. ‖ ʔals ɛr nuːn gaːr ˈnɛːər kaːm | 15

und ein schreckliches Brummen hören ließ, da warf der, welcher den Pelz des Bären verkaufen wollte, seine Flinte weg und kletterte so schnell als möglich auf einen Baum. Der andere aber, welcher sich nun doch auch nicht zu bleiben getraute, konnte sich nicht mehr flüchten. Zum Glücke fiel ihm ein, daß die Bären keinen toten Menschen anrühren. Er warf sich also auf den Boden, hielt den Atem an und streckte sich hin, als wenn er tot wäre. Der Bär kam grimmig auf ihn zu; als er aber sah, daß er kein Glied rührte, glaubte er, der Mensch wäre tot. Er beroch ihn also ein wenig, und als er gar keinen Atem merkte, lief er weiter, ohne demselben ein Leid zu tun. Als der Bär weit genug fort war, erholten sich die beiden Jägerburschen von ihrem Schrecken; der eine stieg von dem Baume herunter, der andere stand vom Boden auf. Da fragte der, welcher von oben zugesehen hatte: „Hör' einmal, was hat dir denn der Bär in das Ohr gesagt?" — „Ja," sagte der andere, „alles habe ich nicht verstanden, aber eins hat er mir deutlich ins rechte Ohr gesagt, nämlich: Man darf die Haut des Bären nicht eher verkaufen, bevor man den Bären hat. Und in das linke Ohr hat er mir gesagt: Wer seinen Freund in der Not im Stiche läßt, der ist ein schlechter Kerl."
Curtman.

39. Der Menschenfresser.

Zwei Knaben aus der Stadt verirrten sich in einem fürchterlichen Walde und blieben dort in einem un-

V. ˈıṃ ˈvaldə.

(ˀ)ʊnt ain ˈʃrɛklıçəs | ˈbrumən hɛːrən liːs, ‖ da varf ˈdeːr, | vɛlçər dən ˈpɛlts dəs bɛːrən | fɛrˈkaufən vɔltə, | zainə ˈflıntə vɛᵏ/꞉ | (ˀ)ʊnt ˈklɛtərtə | zo ˈʃnɛl | (ˀ)als ˈmøːᵏ/꞉ lıç | (ˀ)auf ain̍ən ˈbaum. ‖ dər ˀandərə ˀaːbər, ‖ vɛlçər zıç nuːn dɔx ˀaux nıçt | tsu ˈblaibən gətrautə, ‖ kɔntə zıç nıçt meːr ˈflyçtən. ‖ 5
tsʊm ˈglʏkə | fiːl iːm ˀain, | das di ˈbɛːrən | kainə ˈtoːtən | ˈmɛnʃən | ˀanryːrən. ‖ ˀɛr ˈvarf zıç ˀalzoː | (ˀ)auf dən ˈboːdən, | hiːlt dən ˀaːtəm ˀan, | (ˀ)ʊnt ʃtrɛktə zıç ˈhm, | ˀals vɛn ɛr ˈtoːt vɛrə. ‖ dər ˈbɛːr | kaːm ˈgrımı ⁽ᵏ⁾/꞉ | (ˀ)auf iːn ˈtsuː꞉ ‖ ˀals ɛr ˀaːbər ˈzaː, | das ɛr kain ˈgliːt ryːrtə, ‖ ˈglauptə ɛr, | dər ˈmɛnʃ | vɛːrə ˈtoːt. ‖ 10
ˀeːr bəˈrɔx iːn ˀalzo ain vɛːnı⁽ᵏ⁾/꞉, ‖ ˀʊnt ˀals ɛr ˈgaːr kainən | ˀaːtəm mɛrktə, ‖ liːf ɛr ˈvaitər, ‖ ˀoːnə dəmzɛlbən | (ˀ)ain ˈlait tsu tuːn. ‖ ˀals dər ˈbɛːr | ˈvait | gəˈnuːᵏ/ₓ | ˈfɔrt vaːr, ‖ ˀɛrˈhoːltən zıç | di baidən ˈjɛːə/ⱼərbʊrʃən | fɔn iːrəm ˈʃrɛkən; ‖ dər ˀainə ʃtiːᵏ/꞉ fɔn dəm ˈbaumə hɛrʊntər, ‖ dər ˀandərə | ʃtant fɔm 15 ˈboːdən ˀauf. ‖ da ˈfraːᵏ/ₓ tə | ˈdeːr, | vɛlçər fɔn ˀoːbən | ˈtsuː꞉gəzeːən hatə: ‖ „hɛːr ainmaːl, ‖ vas hat diːr dən dər ˈbɛːr | (ˀ)ın das ˀoːr gəzaːᵏ/ₓt?" ‖ — „ja," ‖ zaːᵏ/ₓtə dər ˀandərə, ‖ „ˀaləs | haːb ıç nıçt fɛrˈʃtandən, ‖ ˀaːbər ˀains | hat ɛr miːr ˈdɔytlıç | (ˀ)ms ˈrɛçtə | ˀoːr gəzaːᵏ/ₓt, ‖ ˈnɛːmlıç: ‖ man darf 20 di ˈhaut dəs bɛːrən | nıçt ˀeːər | fɛrˈkaufən, | bəˈfoːr man dən ˈbɛːrən | hat. ‖ ˀʊnt ın das ˈlıŋkə ˀoːr hat ɛr miːr gəzaːᵏ/ₓt: ‖ vɛːr zainən ˈfrɔynt | (ˀ)m dər ˈnoːt | (ˀ)m ˈʃtıçə lɛst, | (ˀ)ıs ain ˈʃlɛçtər | ˈkɛrl." kurtman.

---

39. dər ˈmɛnʃənfrɛsər.

tsvai ˈknaːbən | (ˀ)aus dər ˈʃtat | fɛrˀırtən zıç | (ˀ)m ainəm ˈfʏrçtərlıçən | ˈvaldə | (ˀ)ʊnt ˈbliːbən dɔrt | (ˀ)m ainəm ˀʊnansehnlichen, einsamen Wirtshause über Nacht. Um Mitternacht hörten sie in der nächsten Kammer reden. Beide hielten sogleich die Ohren an die hölzerne Wand und horchten. Da vernahmen sie deutlich die Worte: „Weib, schüre morgen frühe den Kessel; ich will unsere zwei Bürschlein aus der Stadt metzgen." Die armen Knaben empfanden einen Todesschrecken. „O Himmel, dieser Wirt ist ein Menschenfresser!" sagten sie leise zu einander und sprangen beide zum Kammerfenster hinaus, um zu entlaufen. Allein zu ihrem neuen Schrecken fanden sie das Hoftor verschlossen. Da krochen sie zu den Schweinen in den Stall und brachten die Nacht in Todesängsten zu. Am Morgen kam der Wirt, machte die Stalltür auf, wetzte sein Messer und rief: „Nun, ihr Bürschlein, heraus; eure letzte Stunde ist gekommen!" Beide Knaben erhoben ein Jammergeschrei und flehten auf den Knieen, sie doch nicht zu schlachten. Der Wirt wunderte sich, sie im Schweinestalle zu finden, und fragte, warum sie ihn für einen Menschenfresser hielten. Die Knaben sprachen weinend: „Ihr habt ja heute nacht selbst gesagt, daſs Ihr uns diesen Morgen metzgen wolltet."

Allein der Wirt rief: „O ihr törichten Kinder! euch habe ich nicht gemeint. Ich nannte nur meine zwei Schweinlein, weil ich sie in der Stadt gekauft habe, im Scherze meine zwei Bürschlein aus der Stadt. So geht's aber, wenn man horcht. Da versteht man vieles unrichtig, hat andere leicht im falschen Verdacht, macht sich selbst unnötige Sorgen; gerät in Angst und zieht sich manchen Verdruß zu."

Schmid.

V. ʔɪm ˈvaldə.

ʔanzeːnlɪçən, | ˈʔainzaːmən | ˈvɪrtshauzə | (ʔ)yːbər ˈnaxt. || ʔʊm ˈmɪtərnaxt | ˈheːrtən zi | (ʔ)m dər ˈnɛːçstən | ˈkamər | ˈreːdən. || ˈbaidə | hiːltən zoˈglaiç | di ˈʔoːrən | (ʔ)an di ˈhɔltsərnə | ˈvant | (ʔ)ʊnt ˈhɔɹçtən.|| da fɛrˈnaːmən zi | ˈdɔytlɪç | di ˈvɔrtə : || „ˈvaip, || ˈʃyːrə | mɔrᵍ/ʲən ˈfryːə | dən ˈkɛsəl; || ʔɪç vɪl ʊnzərə tsvai ⁵ ˈbyrʃlain | (ʔ)aus dər ˈʃtat | ˈmɛtsᵍ/ʲən." || di ˈʔarmən | ˈknaːbən | (ʔ)ɛmpfandən ainən ˈtoːdəs | ˈʃrɛkən. || „ˈʔoː | ˈhɪməl, || diːzər ˈvɪrt | (ʔ)ɪst ain ˈmɛnʃənfrɛsər!" || zaːᵏ/ₓ tən zi ˈlaizə | tsu aiˈnandər | (ʔ)ʊnt ˈʃpraŋən | ˈbaidə | tsʊm ˈkamərfɛnstər hmaus, || ʔʊm tsu ɛntˈlaufən. || ʔaˈlain | tsu iːrəm ˈnɔyən | ˈʃrɛkən | fandən zi ¹⁰ das ˈhɔːftoːr | fɛrˈʃlɔsən.|| da ˈkrɔxən zi | tsu dən ˈʃvainən | (ʔ)m dən ˈʃtal | (ʔ)ʊnt braxtən di ˈnaxt | (ʔ)m ˈtoːdəs ʔɛŋstən tsuː. || ʔam ˈmɔrᵍ/ʲən | kaːm dər ˈvɪrt, || maxtə di ˈʃtaltyːr ʔauf, || vɛtstə zain ˈmɛsər || ʔʊnt ˈriːf : || „ˈnuːn, || ʔiːr ˈbyrʃlain, || hɛˈraus; || ʔɔyrə ˈlɛtstə | ˈʃtʊndə | (ʔ)ɪst gəˈkɔmən!" || ˈbaidə | ˈknaːbən | (ʔ)ɛr- ¹⁵ hoːbən ain ˈjamərgəʃrai | (ʔ)ʊnt ˈflɛːtən | (ʔ)auf dən ˈkniːən, | zi dɔx nɪçt tsu ˈʃlaxtən. || dər ˈvɪrt | ˈvʊndərtə zɪç, | zi ɪm ˈʃvainəʃtalə tsu fɪndən, || ʔʊnt ˈfraːᵏ/ₓ tə, | vaˈrʊm ʑi iːn | fyːr ainən ˈmɛnʃənfrɛsər hiːltən. || di ˈknaːbən | ʃpraːxən ˈvainənt: || „ʔiːr haːpt ja: hɔytə ˈnaxt | ˈzɛlpst | gəˈzaːᵏ/ₓ t, | das iːr ʊns ²⁰ diːzən ˈmɔrᵍ/ʲən | ˈmɛtsᵍ/ʲən vɔltət."

ʔalain dər ˈvɪrt | ˈriːf : || „ˈʔoː ! (ʔ)iːr ˈtɛːrɪçtən | ˈkɪndər! || ˈʔɔyç haːbə ɪç | nɪçt gəˈmaint. || ʔɪç nantə nuːr mainə tsvai ˈʃvainlain, || vail ɪç zi ɪn dər ˈʃtat | gəˈkauft haːbə, || ʔɪm ˈʃɛrtsə | mainə tsvai ˈbyrʃlain | (ʔ)aus dər ˈʃtat. || zoː ˈgɛːts ²⁵ ʔaːbər, | vɛn man ˈhɔrxt. || da fɛrˈʃtɛːt man | ˈfiːləs | ˈʔʊnrɪçtɪ⁽ᵏ⁾/ç, || hat ˈʔandərə | laiçt ɪn ˈfalʃən | fɛrˈdaxt, || maxt zɪç zɛlpst | ˈʔʊn | ˈnɛːtɪᵍ/ʲə | ˈzɔrᵍ/ʲən, || gəreːt ɪn ˈʔaŋst || ʔʊnt tsiːt zɪç mançən fɛrˈdrʊs tsuː."

ʃmɪt.

V. IM WALDE.

40. Sneewittchen.

Es war einmal mitten im Winter, und die Schneeflocken fielen wie Federn vom Himmel herab, da saß eine Königin an einem Fenster, das einen Rahmen von schwarzem Ebenholz hatte, und nähte. Und wie sie so nähte und nach dem Schnee aufblickte, stach sie sich mit der Nadel in den Finger, und es fielen drei Tropfen Blut in den Schnee. Und weil das Rote im weißen Schnee so schön aussah, dachte sie bei sich: „Hätt' ich ein Kind, so weiß wie Schnee, so rot wie Blut und so schwarz wie das Holz an dem Rahmen!" Bald darauf bekam sie ein Töchterlein, das war so weiß wie Schnee, so rot wie Blut und so schwarzhaarig wie Ebenholz und ward darum das Sneewittchen (Schneeweißchen) genannt. Und wie das Kind geboren war, starb die Königin.

Über ein Jahr nahm sich der König eine andere Gemahlin. Es war eine schöne Frau; aber sie war stolz und übermütig und konnte nicht leiden, daß sie an Schönheit von jemand sollte übertroffen werden. Sie hatte einen wunderbaren Spiegel, wenn sie vor den trat und sich darin beschaute, sprach sie:

„Spieglein, Spieglein an der Wand,
Wer ist die Schönste im ganzen Land?"

so antwortete der Spiegel:

„Frau Königin, Ihr seid die Schönste im Land."

Da war sie zufrieden, denn sie wußte, daß der Spiegel die Wahrheit sagte.

Sneewittchen aber wuchs heran und wurde immer schöner, und als es sieben Jahr alt war, war es so schön,

V. ˈɪm ˈvaldə.

40. sneːˈvɪtçən.

ˀɛs vaːr ainmaːl mɪtən ɪm ˈvɪntər, ‖ ˀʊnt di ˈʃneː- fləkən | fiːlən vi ˈfeːdərn fɔm hɪməl hɛrap, ‖ da zaːs ainə ˈkøːnɪŋ/ɪn | (ˀ)an ainəm ˈfɛnstər, ‖ das ainən ˈraːmən | fɔn ʃvartsəm ˀˈeːbənhɔlts hatə, ‖ ˀʊnt ˈnɛːtə. ‖ ˀʊnt viː zi zoː 5 ˈnɛːtə | (ˀ)ʊnt naːx dəm ˈʃneː | ˀˈaufblɪktə, | ʃtaːx zi zɪç mɪt dər ˈnaːdəl | (ˀ)ɪn dən ˈfɪŋər, ‖ ˀʊnt ɛs fiːlən ˈdrai | ˈtrɔpfən | ˈbluːt ɪn dən ʃneː. ‖ ˀʊnt vail [das ˈroːtə | (ˀ)ɪm ˈʃneː | zo ˈʃøːn ˀauszaː, | ˈdaxtə zi bai zɪç: ‖ „hɛt ɪç ain ˈkɪnt, ‖ zo ˈvais | vi ˈʃneː, ‖ zo ˈroːt | vi ˈbluːt ‖ ˀʊnt zo ˈʃvarts | 10 vi das ˈhɔlts | (ˀ)an dɛm ˈraːmən!" ‖ balt daˈrauf ˌbəkaːm zi ain ˈtɔçtərlain, ‖ das ˈvaːr | zo ˈvais | vi ˈʃneː, ‖ zo ˈroːt | vi ˈbluːt ‖ ˀʊnt zo ˈʃvartshaːrɪ(k)/ɕ | vi ˀˈeːbənhɔlts ‖ ˀʊnt vart darʊm das sneːˈvɪtçən | (ʃneːˈvaisçən) gənant. ‖ ˀʊnt vi das kɪnt gəˈboːrən vaːr, | ˈʃtarp di køːnɪŋ/ɪn. 15

ˀyːbər ain ˈjaːr | naːm zɪç dər ˈkøːnɪ(k)/ɕ | (ˀ)ainə ˀˈandərə gemaːlɪn. ‖ ˀɛs vaːr ainə ˈʃøːnə | ˈfrau; | ˀaːbər zi vaːr ˈʃtɔlts | (ˀ)ʊnt ˀˈyːbərmyːtɪ(k)/ɕ | (ˀ)ʊnt kɔntə nɪçt ˈlaidən, | das zi an ˈʃøːnhait | fɔn jeːmant zɔltə ˀyːbərˈtrɔfən veːrdən. ‖ zi hatə ainən ˈvʊndərbaːrən | ˈʃpiːŋ/ɪəl, ‖ vɛn zi ˈfoːr deːn traːt | (ˀ)ʊnt 20 zɪç darɪn bəˈʃautə, ‖ ˈʃpraːx ziː: ‖

„ˈʃpiːŋ/ɪlain, | ˈʃpiːŋ/ɪlain | (ˀ)an dər ˈvant, ‖ ˈveːr | (ˀ)ɪst di ˈʃøːnstə | (ˀ)ɪm ˈgantsən | ˈlant?" ‖

zo ˀˈantvɔrtətə | dər ˈʃpiːŋ/ɪəl : ‖

„frau ˈkøːnɪŋ/ɪn, | ˀˈiːr | zait di ˈʃøːnstə ɪm lant." ‖ 25

da vaːr zi ˈtsufriːdən, ‖ dɛn zi ˈvʊstə, | das dər ˈʃpiːŋ/ɪəl di ˈvaːrhait zaː(k)/xtə.

sneːˈvɪtçən ˀaːbər | vʊks hɛˈran | (ˀ)ʊnt vʊrdə ˀˈɪmər | ˈʃøːnər, ‖ ˀʊnt ˀals ɛs ziːbən ˈjaːrə ˀalt vaːr, | vaːr ɛs zo ˈʃøːn |

wie der klare Tag und schöner als die Königin selbst.
Als diese einmal ihren Spiegel fragte:

„Spieglein, Spieglein an der Wand,
Wer ist die Schönste im ganzen Land?"

5 so antwortete er:

„Frau Königin, Ihr seid die Schönste hier,
Aber Sneewittchen ist tausendmal schöner als Ihr."

Da erschrak die Königin und ward gelb und grün vor
Neid. Von Stund an, wenn sie Sneewittchen erblickte,
10 kehrte sich ihr das Herz im Leibe herum, so haßte sie
das Mädchen. Und der Neid und Hochmut wuchsen wie
ein Unkraut in ihrem Herzen immer höher, daß sie
Tag und Nacht keine Ruhe mehr hatte. Da rief sie einen
Jäger und sprach: „Bring das Kind hinaus in den
15 Wald, ich will's nicht mehr vor meinen Augen sehen.
Du sollst es töten und mir Lunge und Leber zum Wahrzeichen mitbringen!" Der Jäger gehorchte und führte es
hinaus, und als er den Hirschfänger gezogen hatte und
Sneewittchens unschuldiges Herz durchbohren wollte, fing
20 es an zu weinen und sprach: „Ach lieber Jäger, laß mir
mein Leben! Ich will in den wilden Wald laufen und
nimmermehr wieder heimkommen!" Und weil es so schön
war, hatte der Jäger Mitleiden und sprach: „So lauf hin,
du armes Kind!" Und als gerade ein junger Frischling daher-
25 gesprungen kam, stach er ihn ab, nahm Lunge und Leber
heraus und brachte sie als Wahrzeichen der Königin mit.

Nun war das arme Kind in dem großen Wald mutterselig allein, und ward ihm so angst, daß es alle Blätter
an den Bäumen ansah und nicht wußte, wie es sich helfen

V. ˈʔɪm ˈvaldə.

viː dər klaːrə ˈtaːᵏ/ₓ | (ʔ)ʊnt ˈʃøːnər | (ʔ)als di ˈkøːnɪɡ/ⱼɪn | ˈzɛlpst.
‖ ʔals diːzə ainmal iːrən ˈʃpiːɡ/ⱼəl | ˈfraːᵏ/ₓtə: ‖

„ˈʃpiːɡ/ⱼlain, | ˈʃpiːɡ/ⱼlain | (ʔ)an dər ˈvant, ‖
ˈveːr | (ʔ)ɪst di ˈʃøːnstə | (ʔ)ɪm ˈgantsən | ˈlant?" ‖

zo ˈʔantvɔrtətə ɛr: ‖   5

„frau ˈkøːnɪɡ/ⱼɪn, ‖ ˈʔiːr zait | di ˈʃøːnstə | ˈhiːr, ‖
ʔaːbər sneːˈvɪtçən | (ʔ)ɪst ˈtauzəntmaːl | ˈʃøːnər | (ʔ)als ˈʔiːr." ‖

da ɛrˈʃraːk di ˈkøːnɪɡ/ⱼɪn | (ʔ)ʊnt vart ˈgɛlp | (ʔ)ʊnt ˈgryːn | foːr
ˈnait. ‖ fɔn ˈʃtʊnt ʔan, | vɛn zi sneːˈvɪtçən | (ʔ)ɛrˈblɪktə, |
keːrtə zɪç iːr das ˈhɛrts | (ʔ)ɪm ˈlaibə hɛrʊm, ‖ zoː ˈhastə zi 10
das meːtçən. ‖ ʔʊnt dər ˈnait | (ʔ)ʊnt ˈhoːxmuːt | vʊksən viː
ain ˈʔʊnkraut | (ʔ)ɪn iːrəm ˈhɛrtsən | ˈʔɪmər | ˈheːər, ‖ das zi
ˈtaːᵏ/ₓ | (ʔ)ʊnt ˈnaxt | kainə ˈruːə meːr hatə. ‖ da riːf zi ainən
ˈjɛːɡ/ⱼər | (ʔ)ʊnt ˈʃpraːx: ‖ „brɪŋ das ˈkɪnt | hɪˈnaus | (ʔ)ɪn dən
ˈvalt, ‖ ʔɪç vɪls nɪçt meːr foːr mainən ˈʔauɡ/ᵍən zeːən. ‖ 15
du zɔlst ɛs ˈtøːtən | (ʔ)ʊnt miːr ˈlʊŋə | (ʔ)ʊnt ˈleːbər | tsʊm ˈvaːr-
tsaiçən mɪtbrɪŋən!" ‖ dər ˈjɛːɡ/ⱼər | gəˈhɔrçtə | (ʔ)ʊnt fyːrtə ɛs
hɪˈnaus, ‖ ʔʊnt ʔals ɛr dən ˈhɪrʃfɛŋər gətsoːɡ/ᵍən hatə | (ʔ)ʊnt
sneːˈvɪtçəns | ˈʔʊnʃʊldɪɡ/ⱼəs | ˈhɛrts | dʊrçˈboːrən vɔltə, ‖ fɪŋ
ɛs ʔan tsu ˈvainən | (ʔ)ʊnt ˈʃpraːx: ‖ „ˈʔax | liːbər ˈjɛːɡ/ⱼər, ‖ ˈlas 20
miːr | main ˈleːbən! ‖ ʔɪç vɪl ɪn dən vɪldən ˈvalt laufən | (ʔ)ʊnt
ˈnɪmərmeːr | viːdər ˈhaimkɔmən!" ‖ ʔʊnt vail ɛs zo ˈʃøːn
vaːr, | hatə dər ˈjɛːɡ/ⱼər | ˈmɪtlaidən | (ʔ)ʊnt ˈʃpraːx: ‖ „zo lauf ˈhɪn, |
du ˈʔarməs | ˈkɪnt!" ‖ ʔʊnt ʔals gəraːdə ain jʊŋər ˈfrɪʃlɪŋ daheːr-
gəʃprʊŋən kaːm, | ʃtaːx ɛr iːm ˈʔap, ‖ naːm ˈlʊŋə | (ʔ)ʊnt ˈleːbər 25
heraus ‖ ʔʊnt braxtə zi als ˈvaːrtsaiçən | dər ˈkøːnɪɡ/ⱼɪn | ˈmɪt.

nuːn vaːr das ʔarmə ˈkɪnt | (ʔ)ɪn dem groːsən ˈvalt | ˈmʊtər-
| ˈzeːlɪ⁽ᵏ⁾/ç | ʔaˈlain, ‖ ʔʊnt vart iːm zo ˈʔaŋst, | das ɛs ʔalə ˈblɛtər |
(ʔ)an dən ˈbɔymən | ˈʔanzaː ‖ ʔʊnt nɪçt ˈvʊstə, | viː ɛs zɪç ˈhɛlfən

sollte. Da fing es an zu laufen und lief über die spitzen Steine und durch die Dornen, und die wilden Tiere sprangen an ihm vorbei, aber sie taten ihm nichts. Es lief, so lange nur die Füße noch fort konnten, bis es bald Abend
5 werden sollte, da sah es ein kleines Häuschen und ging hinein, sich zu ruhen. In dem Häuschen war alles klein, aber so zierlich und reinlich, daß es nicht zu sagen ist. Da stand ein weißgedecktes Tischlein mit sieben kleinen Tellern, jedes Tellerlein mit seinem Löffelein, ferner sieben
10 Messerlein und Gäblein und sieben Becherlein. An der Wand waren sieben Bettlein nebeneinander aufgestellt und schneeweiße Laken darüber gedeckt. Sneewittchen, weil es so hungrig und durstig war, aß von jedem Tellerlein ein wenig Gemüs und Brot und trank
15 aus jedem Becherlein einen Tropfen Wein; denn es wollte nicht einem allein alles wegnehmen. Hernach, weil es so müde war, legte es sich in ein Bettchen, aber keins paßte; das eine war zu lang, das andere zu kurz, bis endlich das siebente recht war; und darin
20 blieb es liegen, befahl sich Gott und schlief ein.

Als es ganz dunkel geworden war, kamen die Herren von dem Häuslein, das waren die sieben Zwerge, die in den Bergen nach Erz hackten und gruben. Sie zündeten ihre sieben Lichtlein an, und wie es nun hell im Häus-
25 lein ward, sahen sie, daß jemand darin gewesen war, denn es stand nicht alles so in der Ordnung, wie sie es verlassen hatten. Der erste sprach: „Wer hat auf meinem Stühlchen gesessen?" Der zweite: „Wer hat von meinem Tellerchen gegessen?" Der dritte: „Wer hat von meinem
30 Brötchen genommen?" Der vierte: „Wer hat von meinem

V. ˀɪm ˈvaldə. 105

zɔltə. ‖ da fɪŋ ɛs ˀan tsu ˈlaufən ‖ ˀʊnt liːf yːbər di ʃpɪtsən ˈʃtainə | (ˀ)ʊnt dʊrç di ˈdɔrnən, ‖ ˀʊnt di vɪldən ˈtiːrə | ʃpraŋən an iːm fɔːrˈbai, ‖ ˀaːbər zi taːtən iːm ˈnɪçts. ‖ ˀɛs liːf, | zo laŋə nuːr di ˈfyːsə | nɔx ˈfɔrt kɔntən, ‖ bɪs ɛs balt ˀaːbənt veːrdən zɔltə, ‖ da zaː ɛs ain klainəs ˈhɔysçən | (ˀ)ʊnt gɪŋ 5 hɪˈnain, ‖ zɪç tsu ˈruːən. ‖ ˀɪn dɛm ˈhɔysçən | vaːr ˀaləs | ˈklain, ‖ ˀaːbər zo ˈtsiːrlɪç | (ˀ)ʊnt ˈrainlɪç, | das ɛs ɦɪçt tsu ˈzaː$^9/_g$ən ɪst. da ˈʃtant | (ˀ)ain ˈvais | gəˈdɛktəs | ˈtɪʃlain | mɪt ˈziːbən | klainən ˈtɛlərn, ‖ jeːdəs ˈtɛlərlain | mɪt zainəm ˈlɵfəlain, ‖ ˈfɛrnər | ziːbən ˈmɛsərlain | (ˀ)ʊnt ˈgeːblain ‖ ˀʊnt ziːbən ˈbeçərlain. ‖ ˀan dər 10 ˈvant | vaːrən ziːbən ˈbɛtlain | neːbənainandər ˀaufgəʃtɛlt ‖ ˀʊnt ˈʃneː | ˈvaisə | ˈlaːkən daryːbər gədɛkt. ‖ sneːˈvɪtçən, ‖ vail ɛs zo ˈhʊŋrɪ$^{(k)}/_ç$ | (ˀ)ʊnt ˈdʊrstɪ$^{(k)}/_ç$ vaːr, ‖ ˀaːs | fɔn jeːdəm ˈtɛlərlain | (ˀ)ain ˈveːnɪ$^{(k)}/_ç$ | gəˈmyːs | (ˀ)ʊnt ˈbrɔːt ‖ ˀʊnt ˈtraŋk | (ˀ)aus jeːdəm ˈbeçərlain | (ˀ)ainən trɔpfən ˈvain; ‖ dɛn ɛs vɔltə 15 nɪçt ˀainəm | ˀaˈlain | ˀaləs vɛ$^k/_ç$neːmən. ‖ hɛrˈnaːx, ‖ vail ɛs zo ˈmyːdə vaːr, ‖ ˈleː$^k/_ç$tə ɛs zɪç | (ˀ)ɪn ain ˈbɛtçən, ‖ ˀaːbər ˈkains | ˈpastə: ‖ das ˀainə | vaːr tsu ˈlaŋ, ‖ das ˀandərə | tsu ˈkʊrts, ‖ bɪs ˀɛntlɪç | das ˈziːbəntə | ˈrɛçt vaːr; ‖ ˀʊnt ˈdaːrɪn | bliːp ɛs ˈliː$^9/_j$ən, ‖ bəˈfaːl zɪç | ˈgɔt ‖ ˀʊnt ʃliːf ˀain. 20

ˀals ɛs ˈgants | ˈdʊŋkəl gəvɔrdən vaːr, | kaːmən di ˈhɛrən fɔn dəm hɔyslain, ‖ das vaːrən di ziːbən ˈtsvɛr$^9/_j$ə, ‖ diː ɪn dən ˈbɛr$^9/_j$ən | naːx ˀeːrts haktən ʊnt gruːbən. ‖ zi tsʏndətən iːrə ziːbən ˈlɪçtlain ˀan, ‖ ˀʊnt viː ɛs nuːn ˈhɛl ɪm hɔyslain vart, ‖ ˈzaːən ziː, | das jeːmant daˈrɪn gəveːzən vaːr, ‖ 25 dɛn ɛs ʃtant nɪçt ˀaləs | ˈzoː | (ˀ)ɪm dər ˀɔrdnʊŋ, | viː zi ɛs fɛrˈlasən hatən. ‖ dər ˀeːrstə | ˈʃpraːx: ‖ „veːr hat auf mainəm ˈʃtyːlçən gəzɛsən?" ‖ dər ˈtsvaitə: ‖ „veːr hat fɔn mainəm ˈtɛlərçən gəgɛsən?" ‖ dər ˈdrɪtə: ‖ „veːr hat fɔn mainəm ˈbrɔːtçən gənɔmən?" ‖ dər ˈfiːrtə: ‖ „veːr hat fɔn mainəm 30

Gemüschen gegessen?" Der fünfte: „Wer hat mit meinem Gäbelchen gestochen?" Der sechste: „Wer hat mit meinem Messerchen geschnitten?" Der siebente: „Wer hat aus meinem Becherlein getrunken?" Dann sah sich der erste um und
5 sah, daß auf seinem Bett eine kleine Dälle war; da sprach er: „Wer hat in mein Bettchen getreten?" Die andern kamen gelaufen und riefen: „In meinem hat auch jemand gelegen." Der siebente aber, als er in sein Bett sah, erblickte Sneewittchen, das lag darin und schlief.
10 Nun rief er die andern, die kamen herbeigelaufen und schrieen vor Verwunderung, holten ihre sieben Lichtlein und beleuchteten Sneewittchen. „Ei du mein Gott! ei du mein Gott!" riefen sie, „was ist das Kind so schön!" und hatten so große Freude, daß sie es nicht aufweckten, sondern
15 im Bettlein fortschlafen ließen. Der siebente Zwerg aber schlief bei seinen Gesellen, bei jedem eine Stunde, da war die Nacht herum.

Als es Morgen war, erwachte Sneewittchen, und wie es die sieben Zwerge sah, erschrak es. Sie waren aber
20 freundlich und fragten: „Wie heißt du?" „Ich heiße Sneewittchen," antwortete es. „Wie bist du in unser Haus gekommen?" sprachen weiter die Zwerge. Da erzählte es ihnen, daß seine Stiefmutter es hätte wollen umbringen lassen, der Jäger hätte ihm aber das Leben ge-
25 schenkt, und da wär' es gelaufen den ganzen Tag, bis es endlich ihr Häuslein gefunden hätte. Die Zwerge sprachen: „Willst du unsern Haushalt versehen, kochen, betten, waschen, nähen und stricken, und willst du alles ordentlich und reinlich halten, so kannst du bei uns bleiben,
30 und es soll dir an nichts fehlen." „Ja," sagte Snee-

V. 'ɪm 'valdə. 107

gə'myːsçən gəgɛsən?" ‖ dər 'fʏnftə: ‖ „veːr hat mɪt mainem geːbəlçən gəʃtɔxən?" ‖ dər 'zɛkstə: ‖ „veːr hat mɪt mainəm 'mɛsərçən gəʃnɪtən?" ‖ dər 'ziːbəntə: ‖ „veːr hat aus mainəm 'beçərlain gətruŋkən?" ‖ dan zaː zɪç dər 'ʔeːrstə | 'ʔʊm | (ʔ)ʊnt 'zaː, | das auf zainəm 'bɛt | (ʔ)ainə klainə 'dɛlə vaːr; ‖ da 5 'ʃpraːx ɛr: ‖ „veːr hat ɪn main 'bɛtçən gətreːtən?" ‖ di 'ʔandərn | kaːmən gə'laufən | (ʔ)ʊnt 'riːfən: ‖ „ʔɪn 'mainəm | hat 'ʔaux jeːmant gəleː⁹/ʲən." ‖ dər 'ziːbəntə ʔaːbər, ‖ ʔals ɛr ɪn zain 'bɛt zaː, ‖ ʔɛrblɪktə sneː'vɪtçən, ‖ das laːᵏ/ₓ da'rɪn | (ʔ)ʊnt 'ʃlif. ‖ nuːn riːf ɛr di 'ʔandərn, ‖ diː kaːmən hɛr'baigəlaufən | (ʔ)ʊnt 10 'ʃriːən | foːr fɛr'vʊndəruŋ, ‖ hoːltən iːrə ziːbən 'lɪçtlain | (ʔ)ʊnt bə'lɔyçtətən | sneː'vɪtçən. ‖ „ʔai | du main 'gɔt! ‖ 'ʔai | du main 'gɔt!" ‖ 'riːfən ziː, ‖ „vas ɪst das 'kɪnt | zo 'ʃøːn!" ‖ ʔʊnt hatən zo 'groːsə | 'frɔydə, | das zi ɛs nɪçt 'ʔaufvɛktən, | zɔndərn ɪm 'bɛtlain | 'fɔrtʃlaːfən liːsən. ‖ dər 'ziːbəntə tsvɛrᵏ/꜀ ʔaːbər | 15 ʃliːf bai zainən gə'zɛlən, ‖ bai 'jeːdəm | (ʔ)ainə 'ʃtʊndə, ‖ da vaːr di 'naxt | hɛ'rʊm.

ʔals ɛs 'mɔr⁹/ʲən vaːr, | (ʔ)ɛr'vaxtə sneː'vɪtçən, ‖ ʔʊnt viː ɛs di ziːbən 'tsvɛr⁹/ʲə zaː, | (ʔ)ɛr'ʃraːk ɛs. ‖ zi vaːrən ʔaːbər 'frɔyntlɪç | (ʔ)ʊnt 'fraːᵏ/ₓtən: ‖ „vi 'haist duː?" ‖ „ʔɪç haisə 20 sneː'vɪtçən," ‖ 'ʔantvɔrtətə ɛs. ‖ „vi bɪst du ɪn ʊnzər 'haus gəkɔmən?" ‖ ʃpraːxən 'vaitər di tsvɛr⁹/ʲə. ‖ da ɛr'tseːltə ɛs iːnən, | das zainə 'ʃtiːfmutər | (ʔ)ɛs hɛtə vɔlən 'ʔʊmbrɪŋən lasən, ‖ dər 'jɛː⁹/ʲər | hɛtə iːm ʔaːbər das 'leːbən gəʃɛŋkt, ‖ ʔʊnt da veːr ɛs gə'laufən | dɛn gantsən 'taːᵏ/ₓ, | bɪs 25 ɛs 'ʔɛntlɪç | (ʔ)iːr 'hɔyslain gəfʊndən hɛtə. ‖ di 'tsvɛr⁹/ʲə | 'ʃpraːxən: ‖ „vɪlst du ʊnzərn 'haushalt fɛrzeːən, | 'kɔxən, | 'bɛtən, | 'vaʃən, | 'neːən | (ʔ)ʊnt 'ʃtrɪkən, ‖ ʔʊnt vɪlst du 'ʔaləs | 'ʔɔrdəntlɪç | (ʔ)ʊnt 'rainlɪç haltən, ‖ zo kanst du 'bai ʊns blaibən, ‖ ʔʊnt ɛs zɔl diːr an 'nɪçts | 'feːlən. ‖ „jaː," ‖ zaːᵏ/ₓtə sneː- 30

wittchen, „von Herzen gern!" und blieb bei ihnen. Es hielt ihnen das Haus in Ordnung; morgens gingen sie in die Berge und suchten Erz und Gold, abends kamen sie wieder, und da mußte ihr Essen bereit sein.
5 Den Tag über war das Mädchen allein, da warnten es die guten Zwerglein und sprachen: „Hüte dich vor deiner Stiefmutter, die wird bald wissen, daß du hier bist; laß ja niemand herein!" Die Königin aber, nachdem sie Sneewittchens Lunge und Leber glaubte gegessen zu haben,
10 dachte nicht anders, als sie wäre wieder die Erste und Allerschönste, trat vor ihren Spiegel und sprach:

„Spieglein, Spieglein an der Wand,
Wer ist die Schönste im ganzen Land?"

Da antwortete der Spiegel:

15 „Frau Königin, Ihr seid die Schönste hier,
Aber Sneewittchen über den Bergen
Bei den sieben Zwergen
Ist noch tausendmal schöner als Ihr."

Da erschrak sie, denn sie wußte, daß der Spiegel keine
20 Unwahrheit sprach, und merkte, daß der Jäger sie betrogen hatte und Sneewittchen noch am Leben war. Und da sann und sann sie aufs neue, wie sie es umbringen wollte; denn so lange sie nicht die Schönste war im ganzen Land, ließ ihr der Neid keine Ruhe. Und als
25 sie sich endlich etwas ausgedacht hatte, färbte sie sich das Gesicht und kleidete sich wie eine alte Krämerin und war ganz unkenntlich. In dieser Gestalt ging sie über die sieben Berge zu den sieben Zwergen, klopfte an die Türe und rief: „Schöne Ware feil! feil!" Sneewittchen
30 guckte zum Fenster heraus und rief: „Guten Tag,

V. ʼɪm ˈvaldə.

ˈvɪtçən, ‖ „fɔn ˈhɛrtsən | ˈgɛrn!" ‖ ʔʊnt bliːp ˈbai iːnən. ‖
ʔɛs hiːlt iːnən das ˈhaus ɪn ʔɔrdnʊŋ; ‖ ˈmɔrə/jəns | gɪŋən
zi m di ˈbɛrə/jə | (ʔ)ʊnt zuːxtən ˈʔeːrts | (ʔ)ʊnt ˈgɔlt, ‖ ˈʔaːbənts |
kaːmən zi ˈviːdər, ‖ ʔʊnt da mʊstə iːr ˈʔɛsən bərait ˈzain. ‖
dən ˈtaːᵏ/ₓ ʔyːbər | vaːr das mɛːtçən ʔaˈlain, ‖ da ˈvarntən ɛs 5
di gʊːtən tsvɛrᵏ/꜀ lain | (ʔ)ʊnt ˈʃpraːxən : ‖ „ˈhyːtə dɪç | foːr
dainər ˈʃtiːfmʊtər, ‖ diː vɪrt ˈbalt | ˈvɪsən, | das du ˈhiːr bɪst; ‖
las ˈjaː niːmant | heˈrain!" ‖ di ˈkøːnɪə/jɪn ʔaːbər, ‖ naːxˈdeːm zi |
sneːˈvɪtçəns | ˈlʊŋə | (ʔ)ʊnt ˈleːbər | glauptə gəˈgɛsən tsu haːbən,
daxtə nɪçt ˈʔandərs, | (ʔ)als zi vɛːrə viːdər di ˈʔeːrstə | (ʔ)ʊnt 10
ʔalərˈʃøːnstə, ‖ traːt foːr iːrən ˈʃpiːə/jəl | (ʔ)ʊnt ˈʃpraːx : ‖

„ˈʃpiːə/j lain, ‖ ˈʃpiːə/j lain | (ʔ)an dər ˈvant, ‖
ˈveːr | (ʔ)ɪst di ˈʃøːnstə | (ʔ)ɪm ˈgantsən | ˈlant?" ‖
da ˈʔantvɔrtətə | dər ˈʃpiːə/jəl : ‖

„frau ˈkøːnɪə/jɪn, ‖ ˈʔiːr | zait di ˈʃøːnstə | ˈhiːr, ‖ 15
ʔaːbər sneːˈvɪtçən | (ʔ)yːbər dən ˈbɛrə/j ən |
bai dən ˈziːbən | ˈtsvɛrə/j ən |
(ʔ)ɪst nɔx ˈtauzəntmaːl | ˈʃøːnər | (ʔ)als ˈʔiːr." ‖

da ɛrˈʃraːk ˈziː, ‖ dɛn zi ˈvʊstə, | das dər ˈʃpiːᵍ/jəl | kainə
ˈʔʊnvaːrhait ʃpraːx, ‖ ʔʊnt ˈmɛrktə, | das dər ˈjeːə/jər | zi bə- 20
ˈtroːə/gən hatə | (ʔ)ʊnt sneːˈvɪtçən | nɔx am ˈleːbən vaːr. ‖
ʔʊnt da ˈzan | (ʔ)ʊnt ˈzan zi | (ʔ)aufs ˈnɔyə, | viː zi ɛs ˈʔʊm-
brɪŋən vɔltə; ‖ dɛn zo laŋə zi nɪçt di ˈʃøːnstə vaːr | (ʔ)ɪm
gantsən ˈlant, ‖ liːs iːr dər ˈnait | kainə ˈruːə. ‖ ʔʊnt ʔals
zi zɪç ʔɛntlɪç ʔɛtvas ˈʔausgədaxt hatə, ‖ ˈfɛrptə zi zɪç | das 25
gəˈzɪçt | (ʔ)ʊnt ˈklaidətə zɪç | vi ainə ʔaltə ˈkreːmərɪn | (ʔ)ʊnt
vaːr gants ˈʔʊnkɛntlɪç. ‖ ʔɪn diːzər gəˈʃtalt | gɪŋ zi yːbər
di ziːbən ˈbɛrə/jə | tsu dən ziːbən ˈtsvɛrə/jən, | klɔpftə an
di ˈtyːrə | (ʔ)ʊnt ˈriːf : ‖ „ˈʃøːnə ˈvaːrə fail! fail!" ‖ sneːˈvɪtçən |
gʊktə tsʊm ˈfɛnstər hɛraus | (ʔ)ʊnt ˈriːf : ‖ „gʊːtən ˈtaːᵏ/ₓ, | 30

liebe Frau, was habt Ihr zu verkaufen?" „Gute Ware, schöne Ware," antwortete sie, „Schnürriemen von allen Farben," und holte einen hervor, der aus bunter Seide geflochten war. „Die ehrliche Frau kann ich hereinlassen," dachte Sneewittchen, riegelte die Türe auf und kaufte sich den hübschen Schnürriemen. „Kind," sprach die Alte, „wie du aussiehst! komm, ich will dich einmal ordentlich schnüren." Sneewittchen hatte kein Arg, stellte sich vor sie und ließ sich mit dem neuen Schnürriemen schnüren; aber die Alte schnürte geschwind und schnürte so fest, daß dem Sneewittchen der Atem verging und es für tot hinfiel. „Nun bist du die Schönste gewesen," sprach sie und eilte hinaus.

Nicht lange darauf, zur Abendzeit, kamen die sieben Zwerge nach Haus, aber wie erschraken sie, als sie ihr liebes Sneewittchen auf der Erde liegen sahen; und es regte und bewegte sich nicht, als wäre es tot. Sie hoben es in die Höhe, und weil sie sahen, daß es zu fest geschnürt war, schnitten sie den Schnürriemen entzwei: da fing es an, ein wenig zu atmen, und ward nach und nach wieder lebendig. Als die Zwerge hörten, was geschehen war, sprachen sie: „Die alte Krämerfrau war niemand als die gottlose Königin: hüte dich, und laß keinen Menschen herein, wenn wir nicht bei dir sind!"

Das böse Weib aber, als es nach Haus gekommen war, ging vor den Spiegel und fragte:

„Spieglein, Spieglein an der Wand,
Wer ist die Schönste im ganzen Land?"

Da antwortete er wie sonst:

V. 'ɪm 'valdə.

liːbə 'frau, | vas haːpt iːr tsu fɛr'kaufən?" ‖ „'guːtə vaːrə, | 'ʃeːnə vaːrə," ‖ ˀantvɔrtətə ziː, ‖ „'ʃnyːrriːmən | fɔn ˀalən 'farbən," ‖ ˀunt hoːltə ainən hɛr'foːr, ‖ deːr aus buntər 'zaidə gəflɔxtən vaːr. ‖ „di 'ˀeːrlıçə | 'frau | kan ıç hɛ'rainlasən," ‖ daxtə sneː'vɪtçən, ‖ riː⁹⁄ⱼəltə di 'tyːrə ˀauf | (ˀ)unt kauftə zıç 5 dən hypʃən 'ʃnyːrriːmən. ‖ „'kmt," ‖ ʃpraːx di 'ˀaltə, ‖ „vi du 'ˀausziːst! ‖ 'kɔm, | (ˀ)ıç vıl dıç ainmaːl 'ˀɔrdəntlıç | 'ʃnyːrən." ‖ sneː'vɪtçən | hatə kain 'ˀarᵏ⁄꜀, ‖ ʃtɛltə zıç 'foːr ziː | (ˀ)unt liːs zıç mɪt dəm nɔyən 'ʃnyːrriːmən | 'ʃnyːrən; ‖ ˀaːbər di 'ˀaltə | ʃnyːrtə gə'ʃvɪnt | (ˀ)unt ʃnyːrtə zoː 'fɛst, | das dəm 10 sneː'vɪtçən | dər 'ˀaːtəm fɛrgıŋ | (ˀ)unt ɛs fyːr 'toːt | 'hɪnfiːl. ‖ „'nuːn | bɪst du di 'ʃøːnstə | gə'veːzən," ‖ 'ʃpraːx zi | (ˀ)unt ailtə hı'naus.

nıçt laŋə da'rauf, | tsur 'ˀaːbəntsait, | kaːmən di ziːbən 'tsvɛrɡ⁹⁄ⱼə | naːx 'haus, ‖ ˀaːbər 'viː | (ˀ)ɛr'ʃraːkən ziː, ‖ ˀals zi 15 iːr liːbəs sneː'vɪtçən | (ˀ)auf dər 'ˀeːrdə liː⁹⁄ⱼən zaːən; ‖ ˀunt ɛs 'reːᵏ⁄꜀tə | (ˀ)unt bə'veːᵏ⁄꜀tə zıç nıçt, ‖ ˀals vɛːrə ɛs 'toːt. ‖ zi hoːbən ɛs ın di 'høːə, ‖ ˀunt vail zi 'zaːən, | das ɛs tsu 'fɛst | gə'ʃnyːrt vaːr, ‖ 'ʃnɪtən zi | dən 'ʃnyːrriːmən | (ˀ)ɛn 'tsvai: ‖ da fıŋ ɛs 'ˀan, | (ˀ)ain veːnɪ⁽ᵏ⁾⁄꜀ tsu 'ˀaːtmən, | (ˀ)unt vart 20 'naːx | (ˀ)unt 'naːx | viːdər le'bɛndɪ⁽ᵏ⁾⁄꜀. ‖ ˀals di tsvɛrɡ⁹⁄ⱼə 'høːrtən, | vas gə'ʃeːən vaːr, | 'ʃpraːxən ziː: ‖ „di ˀaltə 'kreːmərfrau | vaːr 'niːmant | (ˀ)als di gɔtloːzə 'køːnɪ⁹⁄ⱼɪn: ‖ 'hyːtə dıç, | (ˀ)unt las kainən 'mɛnʃən | hɛ'rain, | vɛn viːr nıçt 'bai diːr zɪnt!" 25

das bøːzə 'vaip ˀaːbər, ‖ ˀals ɛs naːx 'haus gəkɔmən vaːr, ‖ gıŋ foːr dən 'ʃpiː⁹⁄ⱼəl | (ˀ)unt fraːᵏ⁄ₓ te: ‖
    „'ʃpiː⁹⁄ⱼlain, | 'ʃpiː⁹⁄ⱼlain, | (ˀ)an dər 'vant, ‖
    'veːr | (ˀ)ɪst di 'ʃøːnstə | (ˀ)ɪm gantsən 'lant?" ‖
da 'ˀantvɔrtətə ɛr | vi 'zɔnst: ‖ 30

V. IM WALDE.

„Frau Königin, Ihr seid die Schönste hier,
Aber Sneewittchen über den Bergen
Bei den sieben Zwergen
Ist noch tausendmal schöner als Ihr."

Als sie das hörte, lief ihr alles Blut zum Herzen, so erschrak sie, denn sie sah wohl, daß Sneewittchen wieder lebendig geworden war. „Nun aber," sprach sie, „will ich etwas aussinnen, das dich zu Grunde richten soll!" und mit Hexenkünsten, die sie verstand, machte sie einen giftigen Kamm. Dann verkleidete sie sich und nahm die Gestalt eines andern alten Weibes an. So ging sie hin über die sieben Berge zu den sieben Zwergen, klopfte an die Türe und rief: „Gute Ware feil! feil!" Sneewittchen schaute heraus und sprach: „Geht nur weiter, ich darf niemand hereinlassen!" „Das Ansehen wird dir doch erlaubt sein," sprach die Alte, zog den giftigen Kamm heraus und hielt ihn in die Höhe. Da gefiel er dem Kinde so gut, daß es sich betören ließ und die Türe öffnete. Als sie des Kaufs einig waren, sprach die Alte: „Nun will ich dich einmal ordentlich kämmen!" Das arme Sneewittchen dachte an nichts und ließ die Alte gewähren, aber kaum hatte sie den Kamm in die Haare gesteckt, als das Gift darin wirkte und das Mädchen ohne Besinnung niederfiel. „Du Ausbund von Schönheit," sprach das boshafte Weib, „jetzt ist's um dich geschehen," und ging fort. Zum Glück aber war es bald Abend, wo die sieben Zwerglein nach Haus kamen. Als sie Sneewittchen wie tot auf der Erde liegen sahen, hatten sie gleich die Stiefmutter in Verdacht, suchten nach und fanden den giftigen Kamm; und kaum hatten sie ihn herausgezogen,

V. ʔɪm ˈvaldə. 113

„frau ˈkøːnɪɢ/ʲɪn, | ˈʔiːr | zait di ˈʃøːnstə | ˈhiːr, ‖
ʔaːbər sneːˈvɪtçən | (ʔ)yːbər dən ˈbɛrɢ/ʲən |
bai dən ziːbən ˈtsvɛrɢ/ʲən |
(ʔ)ɪst nɔx ˈtauzəntmaːl | ˈʃøːnər | (ʔ)als ˈʔiːr."‖

ʔals zi ˈdas | ˈhøːrtə, | liːf iːr ʔaləs ˈbluːt | tsʊm ˈhɛrtsən, ‖ zoː· 5
ɛrˈʃraːk ziː, ‖ dɛn zi ˈzaː | ˈvoːl, | das sneːˈvɪtçən | viːdər
leˈbɛndɪ⁽ᵏ⁾/꜀ gəvɔrdən vaːr. ‖ „nuːn ʔaːbər," ‖ ˈʃpraːx ziː, ‖ „vɪl
ɪç ʔɛtvas ˈʔausᴢɪnən, | das dɪç tsu ˈgrʊndə rɪçtən zol!" ‖
ʔʊnt mɪt ˈhɛksənkʏnstən, | diː zi fɛrˈʃtant, | maxtə zi ainən
ˈgɪftɪɢ/ʲən | ˈkam. ‖ dan fɛrˈklaidətə zi zɪç | (ʔ)ʊnt naːm di 10
gəˈʃtalt | (ʔ)ainəs ˈʔandərən | (ʔ)altən ˈvaibəs ʔan. ‖ zoː gɪŋ zi ˈhɪn
| (ʔ)yːbər di ziːbən ˈbɛrɢ/ʲə | tsu dən ziːbən ˈtsvɛrɢ/ʲən, ‖ klɔpftə
an di ˈtyːrə | (ʔ)ʊnt ˈriːf: ‖ „guːtə ˈvaːrə fail! fail!" ‖ sneː-
ˈvɪtçən | ˈʃautə hɛˈraus | (ʔ)ʊnt ˈʃpraːx: ‖ „geːt nuːr ˈvaitər, ‖
ʔɪç darf ˈniːmant | hɛˈrainlasən!" „das ˈʔanzeːən | vɪrt diːr 15
dɔx ɛrˈlaupt zain," ‖ ˈʃpraːx di ˈʔaltə, ‖ tsoːᵏ/ₓ dən gɪftɪɢ/ʲən
ˈkam hɛraus | (ʔ)ʊnt hiːlt iːn m di ˈhøːə. ‖ da gəˈfiːl ɛr | dəm
ˈkɪndə | zo ˈguːt, | das ɛs zɪç bəˈtøːrən liːs | (ʔ)ʊnt di ˈtyːrə
ʔøfnətə. ‖ ʔals zi dəs ˈkaufs | ˈʔainɪ⁽ᵏ⁾/꜀ vaːrən, ‖ ˈʃpraːx di ˈʔaltə: ‖
„nuːn | vɪl ɪç dɪç ainmaːl ˈʔɔrdəntlɪç | ˈkɛmən!" ‖ das ʔarmə 20
sneːˈvɪtçən | ˈdaxtə an nɪçts | (ʔ)ʊnt liːs di ˈʔaltə | gəˈvɛrən, ‖
ʔaːbər ˈkaum | hatə zi dən ˈkam | (ʔ)ɪn di ˈhaːrə gəʃtɛkt, ‖
ʔals das ˈgɪft darɪn | ˈvɪrktə | (ʔ)ʊnt das ˈmɛːtçən | ˈʔoːnə | bə-
ˈzɪnʊŋ | ˈniːdərfiːl. ‖ „du ˈʔausbʊnt | fɔn ˈʃøːnhait," ‖ ˈʃpraːx das
bɔːshaftə ˈvaip, ‖ „jɛtst | (ʔ)ɪsts ʊm dɪç gəˈʃeːən," ‖ ʔʊnt gɪŋ 25
ˈfɔrt. ‖ tsʊm ˈglʏk ʔaːbər | vaːr ɛs balt ˈʔaːbənt, ‖ vo di ziːbən
ˈtsvɛrᵏ/꜀lain | naːx ˈhaus kaːmən. ‖ ʔals zi sneːˈvɪtçən | vi
toːt | (ʔ)auf dɛr ˈʔeːrdə liːɢ/ʲən zaːən, ‖ hatən zi ˈglaiç | di
ˈʃtiːfmʊtər | (ʔ)ɪn fɛrˈdaxt, ‖ zuːxtən ˈnaːx | (ʔ)ʊnt fandən dən
gɪftɪɢ/ʲən ˈkam; ‖ ʔʊnt ˈkaum | hatən zi iːn hɛˈrausgətsoːɢ/ᵍən, | 30

so kam Sneewittchen wieder zu sich und erzählte, was vorgegangen war. Da warnten sie es noch einmal, auf seiner Hut zu sein und niemand die Türe zu öffnen. Die Königin stellte sich daheim vor den Spiegel und sprach:

„Spieglein, Spieglein an der Wand,
Wer ist die Schönste im ganzen Land?"

Da antwortete er wie vorher:

„Frau Königin, Ihr seid die Schönste hier,
Aber Sneewittchen über den Bergen
Bei den sieben Zwergen
Ist noch tausendmal schöner als Ihr."

Als sie den Spiegel so reden hörte, zitterte und bebte sie vor Zorn. „Sneewittchen soll sterben," rief sie, „und wenn es mein eigenes Leben kostet!" Darauf ging sie in eine ganz verborgene, einsame Kammer, wo niemand hinkam, und machte da einen giftigen, giftigen Apfel. Äußerlich sah er schön aus, weiß mit roten Backen, daß jeder, der ihn erblickte, Lust danach bekam; aber wer ein Stückchen davon aß, der mußte sterben. Als der Apfel fertig war, färbte sie sich das Gesicht und verkleidete sich in eine Bauersfrau, und so ging sie über die sieben Berge zu den sieben Zwergen. Sie klopfte an, Sneewittchen streckte den Kopf zum Fenster heraus und sprach: „Ich darf keinen Menschen einlassen, die sieben Zwerge haben mir's verboten." „Mir auch recht," antwortete die Bäuerin, „meine Äpfel will ich schon los werden. Da, einen will ich dir schenken!" „Nein," sprach Sneewittchen, „ich darf nichts annehmen." „Fürchtest du

V. ˈɪm̓ ˈvaldə. 115

zo kaːm sneːˈvɪtçən | viːdər ˈtsuː zɪç | (ˀ)ʊnt ɛrˈtsɛːltə, | vas
ˈfoːrgəgaŋən vaːr. ‖ da ˈvarntən zi ɛs | ˈnɔx ainmaːl, ‖ ˀauf
zainər ˈhuːt tsu zain | (ˀ)ʊnt ˈniːmant | di ˈtyːr tsu ˀɵfnən.
di ˈkøːnɪə/jm | ʃtɛltə zɪç dahaim foːr dən ˈʃpiːə/jəl |
(ˀ)ʊnt ˈʃpraːx: ‖   5

„ˈʃpiːə/jlain, | ˈʃpiːə/jlain | (ˀ)an dər ˈvant, ‖
ˈveːr | (ˀ)ɪst di ˈʃøːnstə | (ˀ)ɪm ˈgantsən | ˈlant?" ‖

da ˈˀantvɔrtətə ɛr | vi foːrˈheːr: ‖

„frau ˈkøːnɪə/jɪn, | ˈˀiːr | zait di ˈʃøːnstə | ˈhiːr, ‖
ˀaːbər sneːˈvɪtçən | (ˀ)yːbər dən ˈbɛrə/jən | 10
bai dən ziːbən ˈtsvɛrə/jən |
(ˀ)ɪst nɔx ˈtauzəntmaːl | ˈʃøːnər | (ˀ)als ˈˀiːr." ‖

ˀals zi dən ˈʃpiːə/jəl | zoː ˈreːdən heːrtə, ‖ ˈtsɪtərtə | (ˀ)ʊnt ˈbɛːptə
ziː | foːr ˈtsɔrn. ‖ „sneːˈvɪtçən | zɔl ˈʃtɛrbən," ‖ ˈriːf ziː, ‖ „ˀʊnt
vɛn ɛs main ˈˀaiə/jənəs | ˈleːbən kɔstət!" ‖ darauf ˈgɪŋ ziː | 15
(ˀ)ɪn ainə gants fɛrˈborə/jənə, | ˈˀainzaːmə | ˈkamər, ‖ vo ˈniːmant |
ˈhɪnkaːm, ‖ ˀʊnt maxtə daː ainən ˈgɪftɪə/jən, | ˈgɪftɪə/jən | ˈˀapfəl. ‖
ˈˀɔysərlɪç | zaː ɛr ˈʃøːn ˀaus, ‖ ˈvais | mɪt ˈroːtən | ˈbakən, ‖ das
ˈjeːdər, | deːr iːn ɛrˈblɪktə, | ˈlust danaːx bəkaːm; ‖ ˀaːbər veːr
ain ˈʃtʏkçən dafɔn | ˈˀaːs, ‖ deːr mʊstə ˈʃtɛrbən. ‖ ˀals dər   20
ˀapfəl ˈfɛrtɪ(k)/ç vaːr, ‖ ˈfɛrptə zi zɪç | das gəˈzɪçt | (ˀ)ʊnt fɛr-
ˈklaidətə zɪç | (ˀ)ɪn ainə ˈbauərsfrau, ‖ ˀʊnt ˈzoː | gɪŋ zi yːbər
di ziːbən ˈbɛrə/jə | tsu dən ziːbən ˈtsvɛrə/jən. ‖ zi klɔpftə ˈˀan, ‖
sneːˈvɪtçən | ˈʃtrɛktə dən ˈkɔpf | tsʊm ˈfɛnstər heraus | (ˀ)ʊnt
ˈʃpraːx: ‖ „ˈˀɪç darf ˈkainən | ˈmɛnʃən | ˈˀainlasən, ‖ di ziːbən   25
ˈtsvɛrə/jə | haːbən miːrs fɛrˈboːtən." ‖ „miːr ˈˀaux rɛçt," ‖ ˀant-
vɔrtətə di ˈbɔyərɪn, ‖ „mainə ˈˀɛpfəl | vɪl ɪç ʃoːn ˈloːs veːrdən. ‖
ˈda, ‖ ˀainən | vɪl ɪç diːr ˈʃɛnkən!" ‖ „nain," | ʃpraːx
sneːˈvɪtçən, ‖ „ˈˀɪç darf nɪçts ˈˀanneːmən." ‖ „fʏrçtəst du

8*

dich vor Gift?" sprach die Alte, „siehst du, da schneide ich den Apfel in zwei Teile, den roten Backen iß du, den weißen will ich essen!" Der Apfel war aber so künstlich gemacht, daß der rote Backen allein ver-
5 giftet war. Sneewittchen lusterte den schönen Apfel an, und als es sah, daß die Bäuerin davon aß, so konnte es nicht länger widerstehen, streckte die Hand hinaus und nahm die giftige Hälfte. Kaum aber hatte es einen Bissen davon im Mund, so fiel es tot zur Erde nieder.
10 Da betrachtete es die Königin mit grausigen Blicken und lachte überlaut und sprach: „Weiß wie Schnee, rot wie Blut, schwarz wie Ebenholz! diesmal können dich die Zwerge nicht wieder erwecken." Und als sie daheim den Spiegel befragte:

15 „Spieglein, Spieglein an der Wand,
Wer ist die Schönste im ganzen Land?"

Da antwortete er endlich:

„Frau Königin, Ihr seid die Schönste im Land."

Da hatte ihr neidisches Herz Ruhe, so gut ein neidisches
20 Herz Ruhe haben kann.

Die Zwerglein, wie sie abends nach Hause kamen, fanden Sneewittchen auf der Erde liegen, und es ging kein Atem mehr aus seinem Mund, und es war tot. Sie hoben es auf, suchten, ob sie was Giftiges
25 fänden, schnürten es auf, kämmten ihm die Haare, wuschen es mit Wasser und Wein, aber es half alles nichts; das liebe Kind war tot und blieb tot. Sie legten es auf eine Bahre und setzten sich alle siebene daran und beweinten es und weinten drei Tage lang. Da

V. ˀɪm ˈvaldə.

dɪç foːr ˈɡɪft?" ‖ ʃpraːx di ˀaltə, ‖ „ˈziːst duː, ‖ da ˈʃnaidə
ɪç | dən ˀapfəl | (ˀ)ɪn ˈtsvai | ˈtailə; ‖ dən ˈroːtən bakən | ˀɪs
ˈduː, ‖ dən ˈvaisən | vɪl ˀɪç ˀɛsən!" ‖ dər ˀapfəl vaːr ˀaːbər |
zo ˈkʏnstlɪç gəmaxt, | das dər ˈroːtə bakən | ˀaˈlain | fɛr-
ˈgɪftət vaːr. ‖ sneːˈvɪtçən | lustərtə dən ʃøːnən ˀapfəl ˀan, ‖   5
ˀʊnt ˀals ɛs ˈzaː, | das di bɔyərɪn dafɔn ˀaːs, | zo kɔntə ɛs
nɪçt lɛŋər viːdərˈʃteːən, ‖ ʃtrɛktə di ˈhant hɪnaus | (ˀ)ʊnt
ˈnaːm | di ˈɡɪftɪ⁹/ⱼə | ˈhɛlftə. ‖ ˈkaum ˀaːbər | hatə ɛs ainən
ˈbɪsən dafɔn | (ˀ)ɪm ˈmʊnt, ‖ zo fiːl ɛs ˈtoːt | tsʊr ˀeːrdə niːdər. ‖
da bəˈtraxtətə ɛs di køːnɪ⁹/ⱼɪn | mɪt ˈgrauzɪ⁹/ⱼən | ˈblɪkən ‖ 10
ˀʊnt ˈlaxtə | ˀyːbər | ˈlaut | (ˀ)ʊnt ˈʃpraːx: ‖ „ˈvais | vi ˈʃneː, ‖ ˈroːt |
vi ˈbluːt, ‖ ˈʃvarts | vi ˀeːbənhɔlts! ‖ ˈdiːsmaːl | kønən dɪç
di tsvɛr⁹/ⱼə ˈnɪçt viːdər | (ˀ)ɛrˈvɛkən." ‖ ˀʊnt ˀals zi dahaim
dən ˈʃpiː⁹/ⱼəl bəfraːᵏ/ₓtə: ‖

„ˈʃpiː⁹/ⱼlain, | ˈʃpiː⁹/ⱼlain | (ˀ)an dər ˈvant ‖   15
ˈveːr | (ˀ)ɪst di ˈʃøːnstə | (ˀ)ɪm ˈgantsən | ˈlant?" ‖

da ˀantvɔrtətə ɛr | ˀɛntlɪç: ‖

„frau ˈkøːnɪ⁹/ⱼɪn, ‖ ˀiːr | zait di ˈʃøːnstə | (ˀ)ɪm ˈlant."

da hatə iːr ˈnaidɪʃəs | ˈhɛrts | ˈruːə, ‖ zo ˈguːt | (ˀ)ain ˈnaidɪʃəs |
ˈhɛrts | ˈruːə haːbən kan.   20
di ˈtsvɛrᵏ/꜀lain, ‖ viː zi ˀaːbənts | naːx ˈhauzə kaːmən, ‖
fandən sneːˈvɪtçən | (ˀ)auf dər ˀeːrdə liː⁹/ⱼən, ‖ ˀʊnt ɛs gɪŋ
kain ˀaːtəm meːr aus zainəm mʊnt, ‖ ˀʊnt ɛs vaːr ˈtoːt.
zi hoːbən ɛs ˀauf, | ˈzuːxtən, ‖ (ˀ)ɔp zi vas ˈgɪftɪ⁹/ⱼəs
fɛndən, ‖ ʃnyːrtən ɛs ˀauf, ‖ kɛmtən iːm di ˈhaːrə, | vuːʃən 25
ɛs mɪt ˈvasər | (ˀ)ʊnt ˈvain, ‖ ˀaːbər ɛs half ˀaləs nɪçts; |
das ˈliːbə | ˈkɪnt | ˈvaːr toːt | (ˀ)ʊnt ˈbliːp toːt. ‖ zi leːᵏ/꜀tən
ɛs auf ainə ˈbaːrə | (ˀ)ʊnt zɛtstən zɪç ˀalə ˈziːbənə | daˈran |
(ˀ)ʊnt bəˈvaintən ɛs | (ˀ)ʊnt vaintən ˈdrai | ˈtaː⁹/ᵍə laŋ. ‖ da

wollten sie es begraben, aber es sah noch so frisch aus wie ein lebender Mensch und hatte noch seine schönen roten Backen. Sie sprachen: „Das können wir nicht in die schwarze Erde versenken," und ließen einen durchsichtigen
5 Sarg von Glas machen, daß man es von allen Seiten sehen könnte, legten es hinein und schrieben mit goldenen Buchstaben seinen Namen darauf, und daß es eine Königstochter wäre. Dann setzten sie den Sarg hinaus auf den Berg, und einer von ihnen blieb immer dabei
10 und bewachte ihn. Und die Tiere kamen auch und beweinten Sneewittchen, erst eine Eule, dann ein Rabe, zuletzt ein Täubchen.

Nun lag Sneewittchen lange, lange Zeit in dem Sarg und verweste nicht, sondern sah aus, als wenn
15 es schliefe, denn es war noch so weiß als Schnee, so rot als Blut und so schwarzhaarig wie Ebenholz. Es geschah aber, daß ein Königssohn in den Wald geriet und zu dem Zwergenhaus kam, da zu übernachten. Er sah auf dem Berg den Sarg und das schöne Snee-
20 wittchen darin und las, was mit goldenen Buchstaben darauf geschrieben war. Da sprach er zu den Zwergen: „Laßt mir den Sarg, ich will euch geben, was ihr dafür haben wollt!" Aber die Zwerge antworteten: „Wir geben ihn nicht um alles Gold in der Welt." Da sprach er
25 „So schenkt mir ihn, denn ich kann nicht leben, ohne Sneewittchen zu sehen, ich will es ehren und hochachten wie mein Liebstes!" Wie er so sprach, empfanden die guten Zwerglein Mitleiden mit ihm und gaben ihm den Sarg. Der Königssohn ließ ihn nun von seinen Dienern
30 auf den Schultern forttragen. Da geschah es, daß sie

V. ˀɪm ˈvaldə. 119

vɔltən zi ɛs bəˈgraːbən, ‖ ˀaːbər ɛs zaː nɔx zo ˈfrɪʃ ˀaus
vi ain ˈleːbəndər | ˈmɛnʃ ‖ ˀʊnt hatə nɔx zainə ˈʃøːnən |
roːtən ˈbakən. ‖ zi ˈʃpraːxən: ‖ „das kønən viːr nɪçt ɪn di
ˈʃvartsə | ˈˀeːrdə fɛrzɛŋkən," ‖ ˀʊnt liːsən ainən ˈdʊrçzɪçtɪᵍ/ⱼən |
ˈzarᵏ/꜀ | fɔn ˈglaːs maxən, ‖ das man ɛs fɔn ˈˀalən | ˈzaitən | 5
ˈzeːən kɔntə, ‖ leːᵏ/꜀tən ɛs hɪˈnain | (ˀ)ʊnt ˈʃriːbən mɪt ˈgɔldənən |
ˈbuːxʃtaːbən | zainən ˈnaːmən darauf, ‖ ˀʊnt das ɛs ainə
ˈkøːnɪ⁽ᵏ⁾/꜀stɔxtər vɛːrə. ‖ dan zɛtstən zi dən ˈzarᵏ/꜀ | hɪˈnaus |
(ˀ)auf dən ˈbɛrᵏ/꜀, ‖ ˀʊnt ˈˀainər fɔn iːnən | bliːp ˈˀɪmər | daˈbai |
(ˀ)ʊnt bəˈvaxtə iːn ‖ ˀʊnt di ˈtiːrə | kaːmən ˈˀaux | (ˀ)ʊnt 10
bəˈvaintən sneːvɪtçən, ‖ ˈˀeːrst | (ˀ)ainə ˈˀɔylə, ‖ ˈdan | (ˀ)ain
ˈraːbə, ‖ tsuˈlɛtst | (ˀ)ain ˈtɔypçən.

nuːn laːᵏ/ₓ sneːˈvɪtçən | ˈlaŋə, | ˈlaŋə | ˈtsait | (ˀ)ɪn dəm
ˈzarᵏ/꜀ | (ˀ)ʊnt fɛrˈveːstə | ˈnɪçt, | zɔndərn zaː ˈˀaus, | ˀals vɛn
ɛs ˈʃliːfə, ‖ dɛn ɛs vaːr nɔx zo ˈvais | (ˀ)als ˈʃneː, ‖ zo 15
ˈroːt | (ˀ)als ˈbluːt ‖ ˀʊnt zo ˈʃvartshaːrɪ⁽ᵏ⁾/꜀ | vi ˈˀeːbənhɔlts. ‖ ˀɛs
gəˈʃaː ˀaːbər, | das ain ˈkøːnɪ⁽ᵏ⁾/꜀szoːn | (ˀ)ɪn dən ˈvalt gəriːt |
(ˀ)ʊnt tsu dəm ˈtsvɛrᵍ/ⱼənhaus kaːm, | daː tsu yːbərˈnaxtən. ‖
ˀɛr zaː auf dəm ˈbɛrᵏ/꜀ | dən ˈzarᵏ/꜀ | (ˀ)ʊnt das ʃøːnə sneː-
ˈvɪtçən darɪn ‖ ˀʊnt ˈlaːs, | vas mɪt gɔldənən ˈbuːxʃtaːbən | 20
darauf gəˈʃriːbən vaːr. ‖ da ˈʃpraːx ɛr | tsu dən ˈtsvɛrᵍ/ⱼən: ‖
„ˈlast miːr dən zarᵏ/꜀, ‖ ˀɪç vɪl ɔyç ˈgeːbən, | vas iːr dafyːr
ˈhaːbən vɔlt!" ‖ ˀaːbər di tsvɛrᵍ/ⱼə ˈˀantvɔrtətən: ‖ „viːr geːbən
iːn nɪçt um ˀalɔs | ˈgɔlt | (ˀ)ɪn dər ˈvɛlt." ‖ da ˈʃpraːx ɛr:
„zo ˈʃɛŋkt miːr iːn, ‖ dɛn ɪç kan nɪçt ˈleːbən, | ˀoːnə 25
sneːˈvɪtçən | tsu ˈzeːən, ‖ ˀɪç vɪl ɛs ˈˀeːrən | (ˀ)ʊnt ˈhoːxhaltən |
vi main ˈliːpstəs!" ‖ viː ɛr zoː ˈʃpraːx, | (ˀ)ɛmpfandən di
guːtən tsvɛrᵏ/꜀ lain ˈmɪtlaidən mɪt iːm | (ˀ)ʊnt ˈgaːbən iːm dən
zarᵏ/꜀. ‖ dər ˈkøːnɪ⁽ᵏ⁾/꜀szoːn | liːs iːn nuːn fɔn zainən ˈdiːnərn |
(ˀ)auf dən ˈʃʊltərn | ˈfɔrttraːᵍ/gən. ‖ da gəˈʃaː ɛs, | das zi 30

über einen Strauch stolperten, und von dem Schüttern
fuhr der giftige Apfelgrütz, den Sneewittchen abgebissen
hatte, aus dem Hals. Und nicht lange, so öffnete es die
Augen, hob den Deckel vom Sarg in die Höhe und
5 richtete sich auf und war wieder lebendig. „Ach Gott,
wo bin ich?" rief es. Der Königssohn sagte voll Freude:
„Du bist bei mir!" und erzählte, was sich zugetragen
hatte, und sprach: „Ich habe dich lieber als alles auf
der Welt; komm mit mir in meines Vaters Schloß, du
10 sollst meine Gemahlin werden!" Da war ihm Sneewittchen
gut und ging mit ihm, und ihre Hochzeit ward mit
großer Pracht und Herrlichkeit angeordnet.

Zu dem Fest wurde aber auch Sneewittchens gott-
lose Stiefmutter eingeladen. Wie sie sich nun mit schönen
15 Kleidern angetan hatte, trat sie vor den Spiegel und
sprach:

„Spieglein, Spieglein an der Wand,
Wer ist die Schönste im ganzen Land?"

Der Spiegel antwortete:

20   „Frau Königin, Ihr seit die Schönste hier,
Aber die junge Königin ist tausendmal schöner als Ihr."

Da stieß das böse Weib einen Fluch aus, und ward
ihm so angst, so angst, daß sie sich nicht zu lassen wußte.
Sie wollte zuerst gar nicht auf die Hochzeit kommen;
25 doch ließ es ihr keine Ruhe, sie mußte fort und die junge
Königin sehen. Und wie sie hineintrat, erkannte sie
Sneewittchen, und vor Angst und Schrecken stand sie da
und konnte sich nicht regen. Aber es waren schon eiserne
Pantoffeln über Kohlenfeuer gestellt und wurden mit

yːbər ainən ˈʃtraux | ˈʃtɔlpərtən, ‖ (ʔ)ʊnt fɔn dəm ˈʃʏtərn |
fuːr dər ɡɪftɪ⁹⁄ⱼə ˈʔapfəlɡrʏts, ‖ deːn sneːˈvɪtçɔn | ˈʔapɡəbɪsən
hatə, ‖ ʔaus dəm ˈhals. ‖ ʔʊnt nɪçt ˈlaŋə, | zo ʔəfnətə ɛs di
ˈʔau⁹⁄ɡən, | hoːp dən ˈdɛkəl | fɔm ˈzar ᵏ/ᶝ | (ʔ)ɪn di ˈhøːə | (ʔ)ʊnt
rɪçtətə zɪç ˈʔauf | (ʔ)ʊnt vaːr viːdər le ˈbɛndɪ⁽ᵏ⁾/ᶝ. ‖ „ʔax ˈɡɔt, ‖ 5
voː ˈbɪn ɪç?" ‖ ˈriːf ɛs. ‖ dər ˈkøːnɪ⁽ᵏ⁾/ᶝ szoːn | zaːᵏ/ₓ tə fɔl ˈfrɔydə:
„du bɪst bai ˈmiːr!" ‖ ʔʊnt ɛrˈtsɛːltə, | vas zɪç ˈtsuːɡətraː:⁹⁄ɡən
hatə, | (ʔ)ʊnt ˈʃpraːx: ‖ „ʔɪç haːbə dɪç ˈliːbər | (ʔ)als ˈʔaləs auf
dər vɛlt; ‖ kɔm ˈmɪt miːr | (ʔ)ɪn mainəs ˈfaːtərs | ˈʃlɔs, ‖ du
zɔlst mainə ɡəˈmaːlɪn veːrdən!" ‖ da vaːr iːm sneːˈvɪtçən | 10
ˈɡuːt ‖ ʔʊnt ɡɪŋ ˈmɪt iːm, ‖ ʔʊnt iːrə ˈhɔxtsait | vart mɪt
ˈɡroːsər | ˈpraxt | (ʔ)ʊnt ˈhɛrlɪçkait | ˈʔanɡəɔrdnət.

tsuː dɛm ˈfɛst | vʊrdə ʔaːbər ʔaux sneːˈvɪtçəns | ˈɡɔt-
loːzə | ˈʃtiːfmutər ʔainɡəlaːdən. ‖ viː zi zɪç nuːn mɪt ˈʃøːnən |
ˈklaidərn ʔanɡətaːn hatə, ‖ traːt zi foːr dən ˈʃpiː⁹⁄ⱼəl | (ʔ)ʊnt 15
ˈʃpraːx: ‖
„ˈʃpiː⁹⁄ⱼ lain, ‖ ˈʃpiː⁹⁄ⱼ lain | (ʔ)an dər ˈvant, ‖
ˈveːr ɪst | di ˈʃøːnstə | (ʔ)ɪm ˈɡantsən | ˈlant?"

dər ˈʃpiː⁹⁄ⱼəl | ˈʔantvɔrtətə: ‖

„frau ˈkøːnɪ⁹⁄ⱼ ɪn, ‖ ˈʔiːr | zait di ˈʃøːnstə | ˈhiːr, ‖ 20
ʔaːbər di ˈjʊŋə | ˈkøːnɪ⁹⁄ⱼ ɪn | (ʔ)ɪst ˈtauzəntmaːl | ˈʃøːnər | (ʔ)als ˈʔiːr." ‖

da ˈʃtiːs | das ˈbøːzə | ˈvaip ‖ (ʔ)ainən ˈfluːx ʔaus, ‖ ʔʊnt vart
iːr zo ˈʔaŋst, ‖ zo ˈʔaŋst, ‖ das zi zɪç nɪçt tsu ˈlasən vʊstə. ‖
zi vɔltə tsuˈʔeːrst | ˈɡaːr nɪçt | (ʔ)auf di ˈhɔxtsait kɔmən; ‖
dɔx liːs ɛs iːr kainə ˈruːə, ‖ zi mʊstə ˈfɔrt | (ʔ)ʊnt di jʊŋə 25
ˈkøːnɪ⁹⁄ⱼ ɪn zeːən. ‖ ʔʊnt viː zi hɪˈnaintraːt, | (ʔ)ɛr ˈkantə ziː |
sneːˈvɪtçən, ‖ ʔʊnt foːr ˈʔaŋst | (ʔ)ʊnt ˈʃrɛkən | ʃtant zi ˈdaː |
(ʔ)ʊnt kɔntə zɪç nɪçt ˈreː⁹⁄ⱼən. ‖ ʔaːbər ɛs vaːrən ʃoːn ˈʔaizərnə |
panˈtɔfəln | (ʔ)yːbər ˈkoːlənfɔyər ɡəʃtɛlt ‖ ʔʊnt vʊrdən mɪt

Zangen hereingetragen und vor sie hingestellt. Da
mußte sie in die rotglühenden Schuhe treten und so lange
tanzen, bis sie tot hinfiel.
                                               Brüder Grimm.

41. Dornröschen.

Vor Zeiten war ein König und eine Königin, die
sprachen jeden Tag: „Ach, wenn wir doch ein Kind
hätten!" und kriegten immer keins. Da trug sich zu,
5 als die Königin einmal im Bade saß, daß ein Frosch aus
dem Wasser ans Land kroch und zu ihr sprach: „Dein
Wunsch wird erfüllt werden; ehe ein Jahr vergeht, wirst
du eine Tochter zur Welt bringen." Was der Frosch gesagt
hatte, das geschah, und die Königin gebar ein Mädchen,
10 das war so schön, daß der König vor Freude sich nicht
zu lassen wußte und ein großes Fest anstellte. Er
ladete nicht bloß seine Verwandte, Freunde und Be-
kannte, sondern auch die weisen Frauen dazu ein, damit
sie dem Kind hold und gewogen wären. Es waren
15 ihrer dreizehn in seinem Reiche; weil er aber nur
zwölf goldene Teller hatte, von welchen sie essen sollten,
so mußte eine von ihnen daheim bleiben. Das Fest ward
mit aller Pracht gefeiert, und als es zu Ende war, be-
schenkten die weisen Frauen das Kind mit ihren Wunder-
20 gaben: die eine mit Tugend, die andere mit Schönheit,
die dritte mit Reichtum, und so mit allem, was auf der Welt
zu wünschen ist. Als elfe ihre Sprüche eben getan
hatten, trat plötzlich die dreizehnte herein. Sie wollte sich
dafür rächen, daß sie nicht eingeladen war, und ohne

ˈtsaŋən | hɛˈraingətraː⁹⁄ɡən | (ʔ)ʊnt foːr zi ˈhɪŋəʃtɛlt. ‖ da mʊstə zi ɪn di ˈroːtɡlyːəndən | ˈʃuːə treːtən | (ʔ)ʊnt zo ˈlaŋə | ˈtantsən, ‖ bɪs zi ˈtoːt | hɪnˈfiːl. bryːdər ˈɡrɪm.

---

41. dɔrnreːsçən.

foːr ˈtsaitən | vaːr ain ˈkøːnɪ⁽ᵏ⁾⁄ç | (ʔ)ʊnt ainə ˈkøːnɪ⁹⁄ⱼɪn, ‖ diː ˈʃpraːxən | ˈjeːdən | ˈtaːᵏ⁄ₓː ‖ „ʔax, | vɛn viːr dɔx ain ˈkɪnt hɛtən!" ‖ ʔʊnt ˈkriːᵏ⁄çtən | ˈʔɪmər kains. ‖ da truːᵏ⁄ₓ zɪç ˈtsuː, ‖ ʔals di ˈkøːnɪ⁹⁄ⱼɪn | (ʔ)ainmaːl ɪm ˈbaːdə zaːs, ‖ das ain ˈfrɔʃ | 5 (ʔ)aus dəm ˈvasər | (ʔ)ans ˈlant krɔx | (ʔ)ʊnt tsu iːr ˈʃpraːx: ‖ „dain ˈvʊnʃ | zɔl ɛrˈfʏlt veːrdən; ‖ ʔeːə ain ˈjaːr fɛrɡeːt, | vɪrst du ainə ˈtɔxtər tsʊr vɛlt brɪŋən." ‖ vas dər frɔʃ ɡəˈzaːᵏ⁄ₓt hatə, | das ɡəˈʃaː, ‖ ʔʊnt di ˈkøːnɪ⁹⁄ⱼɪn | ɡəbaːr ain ˈmɛːtçən, | das vaːr zo ˈʃøːn, | das dər ˈkøːnɪ⁽ᵏ⁾⁄ç | foːr ˈfrɔydə | zɪç nɪçt 10 tsu ˈlasən vʊstə | (ʔ)ʊnt ain ˈɡroːsəs | ˈfɛst ʔanʃtɛltə. ‖ ʔɛr ˈlaːdətə | ˈnɪçt bloːs | zainə fɛrˈvantə, | ˈfrɔyndə | (ʔ)ʊnt bəˈkantə, | zɔndərn ʔaux di ˈvaizən | ˈfrauən datsu ʔain, ‖ damɪt zi dəm ˈkɪnt | ˈhɔlt | (ʔ)ʊnt ɡəˈvoː⁹⁄ɡən veːrən. ‖ ʔɛs ˈvarən | iːrər ˈdraitseːn | (ʔ)ɪn zainəm ˈraiçə; ‖ vail ɛr ʔaːbər nuːr 15 ˈtsvɛlf | ˈɡɔldənə | ˈtɛlər hatə, | fɔn vɛlçən zi ˈʔɛsən zɔltən, ‖ zo mʊstə ˈʔainə fɔn iːnən | daˈhaim blaibən. ‖ das ˈfɛst | vart mɪt ˈʔalər | ˈpraxt | ɡəˈfaiərt, ‖ (ʔ)ʊnt als ɛs tsu ˈʔɛndə vaːr, | bəˈʃɛnktən di vaizən ˈfrauən | das ˈkɪnt | mɪt iːrən ˈvʊndərɡaːbən: ‖ di ˈʔainə | mɪt ˈtuː⁹⁄ɡənt, ‖ di ˈʔandərə mɪt ˈʃøːnhait, ‖ 20 di ˈdrɪtə mɪt ˈraiçtuːm, ‖ ʔʊnt ˈzoː ‖ mɪt ˈʔaləm, | vas auf dərˈvɛlt | nuːr tsu ˈvʏnʃən ɪst. ‖ ʔals ˈʔɛlfə | (ʔ)iːrə ˈʃprʏçə | ʔeːbən ɡəˈtaːn hatən, ‖ traːt ˈplœtslɪç | di ˈdraitseːntə hɛrain. ‖ zi vɔltə zɪç dafyːr ˈrɛçən, | das zi nɪçt ˈʔaingəlaːdən vaːr, ‖ ʔʊnt ʔoːnə

jemand zu grüßen oder nur anzusehen, rief sie mit
lauter Stimme: „Die Königstochter soll sich in ihrem fünfzehnten Jahr an einer Spindel stechen und tot hinfallen." Und ohne ein Wort weiter zu sprechen, kehrte
sie sich um und verließ den Saal. Alle waren erschrocken, da trat die zwölfte hervor, die ihren Wunsch noch
übrig hatte, und weil sie den bösen Spruch nicht aufheben, sondern nur ihn mildern konnte, so sagte sie:
„Es soll aber kein Tod sein, sondern ein hundertjähriger tiefer Schlaf, in welchen die Königstochter fällt."

Der König, der sein liebes Kind vor so großem
Unglück gern bewahren wollte, ließ den Befehl ausgehen,
daß alle Spindeln im ganzen Königreiche sollten verbrannt werden. An dem Mädchen aber wurden die Gaben
der weisen Frauen sämtlich erfüllt, denn es war so schön,
sittsam, freundlich und verständig, daß es jedermann,
der es ansah, lieb haben mußte. Es geschah, daß an
dem Tage, wo es gerade fünfzehn Jahr alt ward, der
König und die Königin nicht zu Haus waren und das
Mädchen ganz allein im Schloß zurückblieb. Da ging es
aller Orten herum, besah Stuben und Kammern, wie es
Lust hatte, und kam endlich auch an einen alten Turm.
Es stieg die enge Wendeltreppe hinauf und gelangte zu
einer kleinen Türe. In dem Schloß steckte ein verrosteter Schlüssel, und als es umdrehte, sprang die Türe
auf, und da saß in einem kleinen Stübchen eine
alte Frau mit einer Spindel und spann emsig ihren
Flachs. „Guten Tag, du altes Mütterchen," sprach die
Königstochter, „was machst du da?" „Ich spinne," sagte
die Alte und nickte mit dem Kopf. „Was ist das für

V. ˀɪm ˈvaldə.

jeːmant tsu ˈgryːsən | (ˀ)oːdər nuːr ˀantsuzeːən, | ˈriːf ziː | mɪt ˈlautər | ˈʃtɪmə: || „di ˈkeːnɪ⁽ᵏ⁾/꜀ stɔxtər | zɔl zɪç ɪn iːrəm ˈfʏnftseːntən | ˈjaːr | (ˀ)an ainər ˈʃpɪndəl ʃtɛçən | (ˀ)ʊnt ˈtoːt | ˈhɪmfalən." || ˀʊnt ˀoːnə ain ˈvɔrt | ˈvaitər | tsu ˈʃprɛçən, | keːrtə zi zɪç ˀʊm | (ˀ)ʊnt fɛrˈliːs | dən ˈzaːl. || ˀalə | vaːrən ɛr- 5 ˈʃrɔkən, || da traːt di ˈtsvɶlftə hɛrfoːr, || di iːrən ˈvunʃ | nɔx ˀyːbrɪ⁽ᵏ⁾/꜀ hatə, || ˀʊnt vail zi dən ˈbøːzən | ˈʃprʊx | nɪçt ˀaufheːbən, | zɔndərn nuːr iːn ˈmɪldərn kɔntə, | zo ˈzaː ᵏ/ₓ tə ziː: | „ˀɛs zɔl ˀaːbər kain ˈtoːt zain, | zɔndərn ain ˈhundərtjɛːrɪ ⁹/ⱼ ər | ˈtiːfər | ˈʃlaːf, | (ˀ)ɪn vɛlçən di ˈkeːnɪ⁽ᵏ⁾/꜀ stɔxtər | ˈfɛlt." 10 dər ˈkeːnɪ⁽ᵏ⁾/꜀, || deːr zain ˈliːbəs | ˈkɪnt | foːr zo ˈgroːsəm | ˀʊnglyk | gɛrn bəˈvaːrən vɔltə, || liːs dən bəˈfeːl ˀausgeːən, | das di ˈʃpɪndəln | (ˀ)ɪm ˈgantsən | ˈkeːnɪ⁽ᵏ⁾/꜀ raiç̠ | zɔltən fɛrˈbrant veːrdən. || ˀan dəm ˈmeːtçən ˀaːbər | vʊrdən di ˈgaːbən | dər vaizən ˈfrauən | ˈzɛmtlɪç | (ˀ)ɛrˈfʏlt, || dɛn ɛs var zo ˈʃøːn, | 15 ˈzɪtzaːm, | ˈfrɔyntlɪç | (ˀ)ʊnt fɛrˈʃtɛndɪ⁽ᵏ⁾/꜀, || das ɛs ˈjeːdərman, | deːr ɛs ˀanzaː, | ˈliːp haːbən mʊstə. || ˀɛs gəˈʃaː, | das an dəm ˈtaː ⁹/g ə, | voː ɛs gəˈraːdə | ˈfʏnftseːn | ˈjaːrə ˀalt vaːr, | dər ˈkeːnɪ⁽ᵏ⁾/꜀ | (ˀ)ʊnt di ˈkøːnɪ ⁹/ⱼ ɪn | nɪçt tsu ˈhaus vaːrən | (ˀ)ʊnt das ˈmeːtçən | gants ˀaˈlain | (ˀ)ɪm ˈʃlɔs | tsu ˈrʏkbliːp. || da gɪŋ ɛs 20 ˀalər ˀɔrtən | hɛˈrʊm, || bøzaː: ˈʃtuːbən | (ˀ)ʊnt ˈkamərn, | viː ɛs ˈlʊst hatə, || ˀʊnt kaːm ˀɛntlɪç | (ˀ)an ainən ˀaltən | ˈtʊrɪn. ˀɛs ʃtiː ᵏ/꜀ di ˀɛŋə | ˈvɛndəltrɛpə hɪnauf | (ˀ)ʊnt gəlaŋtə tsu ainər ˈklainən | ˈtyːrə. || ˀɪn dəm ˈʃlɔs | ʃtɛktə ain fɛrˈrɔstətər | ˈʃlʏsəl, || ˀʊnt ˀals ɛs ˀʊmdreːtə, | ˈʃpraŋ di ˈtyːrə | 25 ˀauf, || ˀʊnt ˈzaːs daː: | (ˀ)ɪn ainəm ˈklainən | ˈʃtyːpçən | (ˀ)ainə ˀaltə | ˈfrau | mɪt ainər ˈʃpɪndəl | (ˀ)ʊnt ˈʃpan | ˀɛmzɪ⁽ᵏ⁾/꜀ | (ˀ)iːrən ˈflaks. || „guːtən ˈtaː ᵏ/ₓ, || du ˀaltəs ˈmʏtərçən," || ˈʃpraːx di ˈkeːnɪ⁽ᵏ⁾/꜀ stɔxtər, || „vas ˈmaxst du daː?" || ˀɪç ˈʃpɪnə," || zaː ᵏ/ₓ tə di ˀaltə | (ˀ)ʊnt ˈnɪktə | mɪt dəm ˈkɔpf. || „vas ɪst das fyːr 30 ein Ding, das so lustig herumspringt?" sprach das Mädchen, nahm die Spindel und wollte auch spinnen. Kaum hatte sie aber die Spindel angerührt, so ging der Zauberspruch in Erfüllung, und sie stach sich damit in den Finger.

In dem Augenblick aber, wo sie den Stich empfand, fiel sie auf das Bett nieder, das da stand, und lag in einem tiefen Schlaf. Und dieser Schlaf verbreitete sich über das ganze Schloß: der König und die Königin, die eben heimgekommen und in den Saal getreten waren, fingen an einzuschlafen, und der ganze Hofstaat mit ihnen. Da schliefen auch die Pferde im Stall, die Hunde im Hofe, die Tauben auf dem Dache, die Fliegen an der Wand; ja, das Feuer, das auf dem Herde flackerte, ward still und schlief ein, und der Braten hörte auf zu brutzeln, und der Koch, der den Küchenjungen, weil er etwas versehen hatte, in den Haaren ziehen wollte, ließ ihn los und schlief. Und der Wind legte sich, und auf den Bäumen vor dem Schloß regte sich kein Blättchen mehr.

Rings um das Schloß aber begann eine Dornenhecke zu wachsen, die jedes Jahr höher ward und endlich das ganze Schloß umzog und darüber hinauswuchs, daß gar nichts mehr davon zu sehen war, selbst nicht die Fahne auf dem Dach. Es ging aber die Sage in dem Land von dem schönen schlafenden Dornröschen, denn so ward die Königstochter genannt, also daß von Zeit zu Zeit Königssöhne kamen und durch die Hecke in das Schloß dringen wollten. Es war ihnen aber nicht möglich, denn die Dornen, als hätten sie Hände, hielten fest zu-

V. ʼɪm ˈvaldə. 127

ain ˈdɪŋ, | das zo ˈlʊstɪ⁽ᵏ⁾/ᶜ | hɛˈrʊmʃprɪŋt?" ‖ ʃpraːx das
ˈmɛːtçən, ‖ ˈnaːm | di ˈʃpɪndəl | (ʔ)ʊnt vɔltə ʔaux ʃpɪnən.
ˈkaum hatə zi ʔaːbər | di ˈʃpɪndəl | ʔaŋəryːrt, | zo gɪŋ dər
ˈtsaubərʃprʊx | (ʔ)ɪn ɛrˈfʏlʊŋ, ‖ ʔʊnt zi ˈʃtaːx zɪç damɪt | (ʔ)ɪn
dən ˈfɪŋər.   5

ʔɪn dəm ʔauɡ/ɡənblɪk ʔaːbər, | voː zi dən ˈʃtɪç ɛmpfant, |
ˈfiːl zi | (ʔ)auf das ˈbɛt niːdər, | das da ˈʃtant, ‖ (ʔ)ʊnt ˈlaːᵏ/ₓ |
(ʔ)ɪn ainəm ˈtiːfən | ˈʃlaːf. ‖ ʔʊnt diːzər ˈʃlaːf | fɛrˈbraitətə zɪç |
(ʔ)yːbər das ˈgantsə | ˈʃlɔs: ‖ dər ˈkøːnɪ⁽ᵏ⁾/ᶜ | (ʔ)ʊnt di ˈkøːnɪɡ/ɪn, |
di ʔeːbən | ˈhaimgəkomən | (ʔ)ʊnt ɪn dən ˈzaːl gətrɛːtən vaːrən, 10
| fɪŋən ʔan | ʔaintsuʃlaːfən, ‖ ʔʊnt dər ˈgantsə | ˈhɔːfʃtaːt | ˈmɪt
inən. ‖ da ʃliːfən ʔaux di ˈpfɛːrdə | (ʔ)ɪm ˈʃtal, ‖ di ˈhundə |
(ʔ)ɪm ˈhɔːfə, ‖ di ˈtaubən | (ʔ)auf dəm ˈdaxə, ‖ di ˈfliːɡ/ən |
(ʔ)an dər ˈvant; ‖ ˈjaː, | das ˈfɔyər, | das auf dəm ˈhɛːrdə
flakərtə, | vart ˈʃtɪl | (ʔ)ʊnt ʃliːf ʔain, ‖ ʔʊnt dər ˈbraːtən | 15
hɛːrtə ʔauf | tsu ˈbrʊtsəln, | ʔʊnt dər ˈkɔx, ‖ deːr dən ˈkʏçən-
jʊŋən, | vail ɛr ʔɛtvas fɛrˈzeːən hatə, | (ʔ)ɪn dən ˈhaːrən
tsiːən vɔltə, ‖ liːs iːn ˈloːs | (ʔ)ʊnt ʃliːf. ‖ ʔʊnt dər ˈvɪnt |
leːᵏ/ᶜtə zɪç, ‖ ʔʊnt auf dən ˈbɔymən | fɔːr dəm ˈʃlɔs | ˈreːᵏ/ᶜtə
zɪç | kain ˈblɛtçən meːr.   20

ˈrɪŋs | (ʔ)ʊm das ˈʃlɔs ʔaːbər | bəgan ainə ˈdɔrnənhɛkə
tsu vaksən, ‖ diː ˈjeːdəs | ˈjaːr | ˈhøːər vart ‖ ʔʊnt ʔɛntlɪç | das
ˈgantsə | ˈʃlɔs ʔʊmtsoːᵏ/ₓ ‖ ʔʊnt daryːbər hɪˈnausvʊks, ‖ das
ˈgaːr nɪçts meːr | dafɔn tsu ˈzeːən vaːr, ‖ zɛlpst nɪçt di ˈfaːnə |
(ʔ)auf dəm ˈdax. ‖ ʔɛs gɪŋ ʔaːbər di ˈzaːɡ/ɡə ɪn dəm lant | 25
fɔn dəm ˈʃøːnən | ˈʃlaːfəndən | ˈdɔrnrøːsçən, ‖ dən ˈzoː | vart
di ˈkøːnɪ⁽ᵏ⁾/ᶜstɔxtər | gəˈnant, ‖ ʔalzoː | das fɔn ˈtsait | tsu ˈtsait |
ˈkøːnɪ⁽ᵏ⁾/ᶜszøːnə kaːmən | (ʔ)ʊnt dʊrç di ˈhɛkə | (ʔ)ɪn das ˈʃlɔs
drɪŋən vɔltən. ‖ ʔɛs vaːr iːnən ʔaːbər nɪçt ˈmøːᵏ/ᶜlɪç, ‖
dɛn di ˈdɔrnən, ‖ ʔals hɛtən zi ˈhɛndə, ‖ hiːltən ˈfɛst | tsu- 30

sammen, und die Jünglinge blieben darin hängen, konnten sich nicht wieder los machen und starben eines jämmerlichen Todes. Nach langen, langen Jahren kam wieder einmal ein Königssohn in das Land und hörte, wie ein alter Mann von der Dornenhecke erzählte, es sollte ein Schloß dahinter stehen, in welchem eine wunderschöne Königstochter, Dornröschen genannt, schon seit hundert Jahren schliefe, und mit ihr schliefe der König und die Königin und der ganze Hofstaat. Er wußte auch von seinem Großvater, daß schon viele Königssöhne gekommen wären und versucht hätten, durch die Dornenhecke zu dringen, aber sie wären darin hängen geblieben und eines traurigen Todes gestorben. Da sprach der Jüngling: „Ich fürchte mich nicht, ich will hinaus und das schöne Dornröschen sehen." Der gute Alte mochte ihm abraten, wie er wollte, er hörte nicht auf seine Worte.

Nun waren aber gerade die hundert Jahre verflossen, und der Tag war gekommen, wo Dornröschen wieder erwachen sollte. Als der Königssohn sich der Dornenhecke näherte, waren es lauter schöne große Blumen, die taten sich von selbst auseinander und ließen ihn unbeschädigt hindurch; und hinter ihm taten sie sich wieder als eine Hecke zusammen. Im Schloßhof sah er die Pferde und scheckigen Jagdhunde liegen und schlafen; auf dem Dache saßen die Tauben und hatten das Köpfchen unter den Flügel gesteckt. Und als er ins Haus kam, schliefen die Fliegen an der Wand, der Koch in der Küche hielt noch die Hand, als wollte er den Jungen anpacken, und die Magd saß vor dem schwarzen Huhn, das sollte gerupft

V. ˀɪm ˈvaldə.

ˈzamən, ‖ ˀʊnt di ˈjʏŋlɪŋə | bliːbən darɪn ˈhɛŋən, | kɔntən zɪç nɪçt viːdər ˈloːs maxən | (ˀ)ʊnt ʃtarbən ainəs ˈjɛmərlɪçən | ˈtoːdəs. ‖ naːx ˈlaŋən, | ˈlaŋən | ˈjaːrən | kaːm ˈviːdər ainmaːl | (ˀ)ain ˈkøːnɪ⁽ᵏ⁾/꜀ szoːn | (ˀ)ɪn das ˈlant | (ˀ)ʊnt ˈhøːrtə, | viː ain ˀaltər | ˈman | fɔn der ˈdɔrnənhɛkə | (ˀ)ɛrˈtseːltə, ‖ ˀɛs zɔltə 5 ain ˈʃlɔs dahɪntər ʃteːən,. | (ˀ)ɪn vɛlçəm ainə ˈvʊndər | ˈʃøːnə | ˈkøːnɪ⁽ᵏ⁾/꜀ stɔxtər, ‖ ˈdɔrnrøːsçən gənant, ‖ ʃoːn zait ˈhʊndərt | ˈjaːrən | ˈʃliːfə, ‖ ˀʊnt ˈmɪt iːr | ʃliːfə dər ˈkøːnɪ⁽ᵏ⁾/꜀ | (ˀ)ʊnt di ˈkøːnɪ⁹/ⱼɪn | (ˀ)ʊnt dər gantsə ˈhɔːfʃtaːt. ‖ ˀɛr ˈvʊstə ˀaux | fɔn zainəm ˈgroːsfaːtər, | das ʃoːn ˈfiːlə | ˈkøːnɪ⁽ᵏ⁾/꜀ szøːnə | gə- 10 ˈkɔmən veːrən | (ˀ)ʊnt fɛrˈzuːxt hetən, | dʊrç di ˈdɔrnənhɛkə tsu drɪŋən, ‖ ˀaːbər zi veːrən darɪn ˈhɛŋən gəbliːbən | (ˀ)ʊnt ainəs ˈtraʊrɪ⁹/ⱼən | ˈtoːdəs gəʃtɔrbən. ‖ da ˈʃpraːx | dər ˈjʏŋlɪŋ: ‖ „ˀɪç ˈfʏrçtə mɪç nɪçt, ‖ ˀɪç vɪl hɪˈnaus | (ˀ)ʊnt das ˈʃøːnə | ˈdɔrnrøːsçən | ˈzeːən." ‖ dər ˈguːtə | ˀaltə | mɔxtə 15 iːm ˀapraːtən, | viː er ˈvɔltə, ‖ ˀɛr ˈhøːrtə nɪçt auf zainə vɔrtə.

nuːn vaːrən ˀaːbər gəˈraːdə | di ˈhʊndərt | ˈjaːrə | fɛrˈflɔsən, ‖ ˀʊnt der ˈtaːᵏ/ₓ | vaːr gəˈkɔmən, | vo ˈdɔrnrøːsçən | viːdər ɛrˈvaxən zɔltə. ‖ ˀals dər ˈkøːnɪ⁽ᵏ⁾/꜀ szoːn | zɪç dər ˈdɔrnənhɛkə | 20 ˈnɛːɐrtə, vaːrən es ˈlautər | ˈʃøːnə | ˈgroːsə | ˈbluːmən, ‖ diː taːtən zɪç fɔn ˈzɛlpst | (ˀ)ausai ˈnandər | (ˀ)ʊnt liːsən iːn ˀʊnbəˈʃeːdɪ⁽ᵏ⁾/꜀ t | hɪn ˈdʊrç; ‖ ˀʊnt ˈhɪntər iːm | taːtən zi zɪç viːdər als ainə ˈhɛkə | tsu ˈzamən. ‖ ˀɪm ˈʃlɔshoːf | zaː er di ˈpfeːrdə | (ˀ)ʊnd ˈʃɛkɪ⁹/ⱼən | ˈja(ː)ᵏ/ₓ thʊndə liː⁹/ⱼən | (ˀ)ʊnt ˈʃlaːfən; ‖ ˀauf dəm 25 ˈdaxo | zaːsən di ˈtaubən | (ˀ)ʊnt hatən das ˈkøpfçən | (ˀ)ʊntər dən ˈflyː⁹/ⱼəl gəʃtɛkt. ‖ ˀʊnt ˀals er ɪns ˈhaus kaːm, ‖ ˈʃliːfən | di ˈfliː⁹/ⱼən | (ˀ)an dər ˈvant, ‖ dər ˈkɔx | (ˀ)ɪn dər ˈkʏçə | ˈhiːlt nɔx | di ˈhant, ‖ ˀals vɔltə ɛr dən ˈjʊŋən | ˀanpakən, ‖ ˀʊnt di ˈmaːᵏ/ₓ t | zaːs foːr dəm ʃvartsən ˈhuːn, ‖ das zɔltə gəˈrʊpft 30 werden. Da ging er weiter und sah im Saale den ganzen Hofstaat liegen und schlafen, und oben bei dem Throne lag der König und die Königin. Da ging er noch weiter, und alles war so still, daß einer seinen Atem hören konnte, und endlich kam er zu dem Turm und öffnete die Türe zu der kleinen Stube, in welcher Dornröschen schlief. Da lag es und war so schön, daß er die Augen nicht abwenden konnte, und er bückte sich und gab ihm einen Kuß. Wie er es mit dem Kuß berührt hatte, schlug Dornröschen die Augen auf, erwachte und blickte ihn ganz freundlich an. Da gingen sie zusammen herab, und der König erwachte und die Königin und der ganze Hofstaat und sahen einander mit großen Augen an. Und die Pferde im Hof standen auf und rüttelten sich; die Jagdhunde sprangen und wedelten; die Tauben auf dem Dache zogen das Köpfchen unterm Flügel hervor, sahen umher und flogen ins Feld; die Fliegen an den Wänden krochen weiter; das Feuer in der Küche erhob sich, flackerte und kochte das Essen; der Braten fing an zu brutzeln; und der Koch gab dem Jungen eine Ohrfeige, daß er schrie; und die Magd rupfte das Huhn fertig. Und da wurde die Hochzeit des Königssohnes mit dem Dornröschen in aller Pracht gefeiert, und sie lebten vergnügt bis an ihr Ende.

Brüder Grimm.

V. ˀım ˈvaldə.

veːrdən. ‖ da gıŋ ɛr ˈvaitər | (ˀ)ʊnt ˈzaː | (ˀ)ım ˈzaːlə | dən
gantsən ˈhoːfʃtaːt liː⁹⁄ⱼən | (ˀ)ʊnt ˈʃlaːfən, ‖ (ˀ)ʊnt ˈˀoːbən | bai
dəm ˈtroːnə | laː ᵏ⁄ₓ dər ˈkøːnɪ⁽ᵏ⁾⁄ᶜ | (ˀ)ʊnt di ˈkøːnɪ⁹⁄ⱼın. ‖ da gıŋ
ɛr nɔx ˈvaitər, ‖ ˀʊnt ˈˀaləs | vaːr zo ˈʃtıl, | das ainər zainən
ˈˀaːtəm høːrən kɔntə, ‖ ˀʊnt ˈˀɛntlıç | kaːm ɛr tsu dəm ˈtʊrrn | 5
(ˀ)ʊnt ˈˀəfnətə | di ˈtyːrə | tsu der klainən ˈʃtuːbə, | (ˀ)ın vɛlçər
ˈdɔrnrøːsçən | ˈʃliːf. ‖ da ˈlaː ᵏ⁄ₓ ɛs | (ˀ)ʊnt vaːr zo ˈʃøːn, |
das ɛr di ˈˀau⁹⁄ɡən | nıçt ˈˀapvɛndən kɔntə, ‖ ˀʊnt ɛr
ˈbʏktə zıç | (ˀ)ʊnt gaːp iːm ainən ˈkʊs. ‖ viː ɛr ɛs
mıt dəm ˈkʊs | bəˈryːrt hatə, | ʃluːᵏ⁄ₓ ˈdɔrnrøːsçən | di 10
ˈˀau⁹⁄ɡən ˀauf, | (ˀ)ɛrˈvaxtə | (ˀ)ʊnt blıktə iːn gants ˈfrɔʏnt-
lıç | ˈˀan. ‖ da gıŋən zi tsuˈzamən | heˈrap, ‖ ˀʊnt dər
ˈkøːnɪ⁽ᵏ⁾⁄ᶜ | (ˀ)ɛrˈvaxtə ‖ ˀʊnt di ˈkøːnɪ⁹⁄ⱼın ‖ ˀʊnt dər gantsə
ˈhoːfʃtaːt ‖ ˀʊnt ˈzaːən ainandər | mıt ˈgroːsən | ˈˀau⁹⁄ɡən | ˈˀan.
ˀʊnt di ˈpfeːrdə | (ˀ)ım ˈhoːf | ʃtandən ˈˀauf | (ˀ)ʊnt ˈrʏtəltən zıç; 15
‖ di ˈja(ː)ᵏ⁄ₓ thʊndə | ˈʃpraŋən | (ˀ)ʊnt ˈveːdəltən; ‖ di ˈtaubən |
(ˀ)auf dəm ˈdaxə | tsoː⁹⁄ɡən das ˈkøpfçən | (ˀ)ʊntərm ˈflyː⁹⁄ⱼəl hɛr-
foːr, ‖ zaːən ʊm ˈheːr | (ˀ)ʊnt floː⁹⁄ɡən ıns ˈfɛlt; ‖ di ˈfliː⁹⁄ⱼən |
(ˀ)an dən ˈvɛndən | krɔxən ˈvaitər; ‖ das ˈfɔʏər | (ˀ)m dər ˈkʏçə |
(ˀ)ɛrˈhoːp zıç, | ˈflakərtə | (ˀ)ʊnt kɔxtə das ˈˀɛsən; ‖ dər ˈbraːtən 20
| fıŋ ˀan tsu ˈbrʊtsəln, ‖ ˀʊnt dər ˈkɔx | gaːp dəm ˈjʊŋən |
(ˀ)ainə ˈˀoːrfai⁹⁄ⱼə, | das ɛr ˈʃriː; ‖ ˀʊnt di ˈmaːᵏ⁄ₓt | rʊpftə
das ˈhuːn fɛrtɪ⁽ᵏ⁾⁄ᶜ. ‖ ˀʊnt da vʊrdə di ˈhɔxtsait | dəs ˈkøːnɪ⁽ᵏ⁾⁄ᶜs-
zoːns | mıt dəm ˈdɔrnrøːsçən | (ˀ)m ˈˀalər | ˈpraxt | gəˈfaiərt,
ˀʊnt zi leːptən fɛrˈgnyːᵏ⁄ᶜt | bıs an iːr ˈˀɛndə.   25

bryːdər ˈgrım.

V. IM WALDE.

42. Der Jäger Abschied.

1. Wer hat dich, du schöner Wald,
Aufgebaut so hoch da droben?
Wohl den Meister will ich loben,
So lang noch mein Stimm' erschallt.
Lebe wohl,
Lebe wohl, du schöner Wald!

2. Tief die Welt verworren schallt,
Oben einsam Rehe grasen,
Und wir ziehen fort und blasen,
Daß es tausendfach verhallt:
Lebe wohl,
Lebe wohl, du schöner Wald!

3. Banner, der so kühle wallt!
Unter deinen grünen Wogen
Hast du treu uns auferzogen,
Frommer Sagen Aufenthalt!
Lebe wohl,
Lebe wohl, du schöner Wald!

4. Was wir still gelobt im Wald,
Wollen's draußen ehrlich halten.
Ewig bleiben treu die Alten:
Deutsch Panier, das rauschend wallt,
Lebe wohl,
Schirm dich Gott, du schöner Wald!

Eichendorff.

V. 'ım 'valdə.

42. dər 'jɛːɐ̯/jər 'ˀapʃiːt.

1. 'veːr hat dıç, ‖ du 'ʃøːnɐr·| 'valt, ‖
   'ˀaufgəbaut | zo 'hoːx | da 'droːbən? ‖
   'voːl | dən 'maistər | vıl ıç 'loːbən, ‖
   zo 'laŋ nɔx | main 'ʃtım | (ˀ)ɛr'ʃalt. ‖
   'leːbə | 'voːl, ‖
   'leːbə | 'voːl, ‖ du 'ʃøːnər | 'valt!

2. 'tiːf | di 'vɛlt | fɛrɪ̯'vɔrən | 'ʃalt, ‖
   'ˀoːbən | 'ˀainzaːm | 'reːə | 'graːzən, ‖
   ˀunt viːr tsiːən 'fɔrt | (ˀ)unt 'blaːzən, ‖
   das ɛs 'tauzəntfax | fɛr'halt: ‖
   'leːbə | 'voːl, ‖
   'leːbə | 'voːl, ‖ du 'ʃøːnər | 'valt!

3. 'banər, ‖ deːr zo 'kyːlə | 'valt! ‖
   ˀuntər dainən 'gryːnən | 'voː:ɐ̯/gən |
   hast du 'trɔy | (ˀ)uns 'ˀaufgətsoː:ɐ̯/gən, ‖
   'frɔmər | 'zaː:ɐ̯/gən | 'ˀaufənthalt! ‖
   'leːbə | 'voːl, ‖
   'leːbə | 'voːl, ‖ du 'ʃøːnər |·'valt!

4. vas viːr 'ʃtıl | gə'loːpt | (ˀ)ım 'valt, ‖
   vɔləns 'drausən | 'ˀeːrlıç | 'haltən. ‖
   'ˀeːvı⁽ᵏ⁾/ç | blaibən 'trɔy | di 'ˀaltən: ‖
   'dɔytʃ | 'paniːr, ‖ das 'rauʃənt | 'valt, ‖
   'leːbə | 'voːl, ‖
   'ʃırm dıç | 'gɔt, ‖ du 'ʃøːnər | 'valt!

   ˀaiçəndɔrf.

ERLÄUTERUNGEN.

IV. In Garten und Wiese, Heide und Feld.

S. 3   Überschrift des Abschnitts: (ʼ)ʊnt] Man vergleiche das im I. Teil, S. 155, zu No. 1, ¹ Gesagte. Da der II. Teil des Lesebuchs geläufigeres Lesen voraussetzt, wird der Wegfall des ʼ bei ʼʊnt nach einfachem Taktstrich (|) als erlaubt bezeichnet. Ebenso (ʼ)ʊnt (dreimal) Z. 3, (ʼ)ɪm ʼgartən Z. 5, (ʼ)auf ʼʔainma:l Z. 6, u. s. w. — Wegen ʊ siehe das Vorwort!

No. 1, 1. ʼveːr] Das fragende veːr ist oft nur schwach oder gar nicht betont, insbesondere wenn sich das folgende Wort zur Betonung eignet. So sagt man z. B. Zeile 9. 13 weniger nachdrücklich auch veːr ʼʔɪsts statt ʼveːr | ʼʔɪsts; hingegen Z. 17 besser so wie im Text, und auch hier Z. 1 sowie 2. 5 ʼveːr (betont), weil das folgende Wort hat keinen größeren Anspruch auf Betonung machen kann als veːr. — hat | di] Vgl. I. Teil, S. 156, zu No. 2, 6. Bei ʼʊnt in enger Verbindung mit Anlaut-d des folgenden Wortes: ʼʊnt di, ʼʊnt du u. s. w., geht das t jedoch leicht ganz verloren. Das t in solchen Fällen etwa in Klammern einzuschließen, habe ich jedoch nicht für nötig gehalten. — di] Nur die schwächste Form des Artikels ist hier (und weiterhin) angesetzt, weil sie sich beim geläufigen Lesen einzustellen pflegt. — ɛrʼdaxt] Innerhalb des Sprachtaktes ohne ʼ, aus dem gleichen Grunde. Ebenso ɪç Z. 4, ɪm ʼfɛlt Z. 5, ainʼmaːl Z. 8, u. s. w. Findet sich innerhalb des Sprachtaktes ein ʼ vor einem nicht mit ʼ versehenen Anlautvokal, so hat dieser Vokal immerhin einen, wenn auch nur schwächeren Akzent; z. B. No. 2, 5 ʼarbait = ʼʼarbait, No. 4,

ERLÄUTERUNGEN. 135

8 mit ˈʃlaːfən ˀauf = mit ˈʃlaːfən ˈˀauf (ˈ schwacher Akzent). Ebenso ˀauf No. 4, 34; ˀausgəgaŋən S. 11, No. 5, 1; u. s. w.
2. zo] Schwächste Form, wie Z. 1 di. Das vorausgehende ziː ist nicht ganz unbetont; zi zo wäre namentlich in einem Gedicht wohl etwas zu flüchtig.
8. ainˈmaːl] Wegen der Betonung vgl. I. Teil, S. 159, zu No. 44, 11.
12. hɛlən] Anschaulicher wäre: ˈhɛlən. Es ist jedoch kaum nötig, die Helligkeit des Sonnenscheins besonders hervorzuheben.
20. ˈʃaft] Da von dem Schaffen der Blumen ja seither die Rede gewesen ist, dürfte der Akzent auch fehlen. Das betonte ˈʃaft zieht gewissermaßen das Fazit.
No. 2, 1. ˀainə] Trotz des ˀ (zu Anfang der Rede!) natürlich S. 5 unbetont. Aber ja nicht etwa (ˀ)ənə! Wie schon I. Teil, S. 156, zu No. 5, 2. 3 und No. 6. II, 5 erwähnt ist, werden die Formen der Umgangssprache (ˀ)ən, (ˀ)ənə u. s. w. beim Lesen vermieden. Beim Vortrag eines Gedichts würden sie jede künstlerische Wirkung zerstören. — klainə] Anschaulicher wäre: ˈklainə.
5. ˀarbait] Vgl. zu ɛrˈdaxt, No. 1, 1. Da die Arbeit der Biene soeben erst beschrieben ist, braucht das Wort nicht stärker (= ˈˀarbait) betont zu werden.
7. ˀʊnt du] Vgl. zu hat | di, No. 1, 1.
8. 9. ˈjaː] In Z. 9 auch wohl ja (unbetont, kurz); kaum aber in Z. 8 vor dem eingeschobenen Satz, wie denn in einem Gedicht die betonte lange Form überhaupt passender erscheint.
8. ziː] Das Anlaut-z des unbetonten Wortes ziː (hier im Gedicht mit erhaltener Vokallänge) verliert in enger Verbindung mit dem vorhergehenden Auslaut-t in der Regel den Stimmton. Dies etwa durch das Zeichen z̧ anzudeuten, schien jedoch überflüssig. Ebenso No. 3, 16; No. 4, 3; u. s. w.
No. 3, 1. ˈvʊndər|ˈmɪlt] Flüchtiger: vʊndərˈmɪlt; ebenso auch ɡɔldnər Z. 3, laŋən Z. 4 flüchtiger ohne ˈ; u. s. w. Das dankbare Ausmalen der Vorzüge und Wohltaten des Apfelbaums würde dann aber verwischt. Ähnliche Rücksichten sind

ERLÄUTERUNGEN.

oft auch späterhin für das Setzen oder Weglassen des ' maßgebend, was ein für allemal hier bemerkt sei.

5. 'ɛs] Das flüchtigere (')əs wäre hier und Z. 9 der Schilderung nicht angemessen; noch weniger etwa ər statt ɛr Z. 8, (')ər statt 'ɛr Z. 15; u. s. w. Auch auf dergleichen wird künftig in der Regel nicht mehr ausdrücklich aufmerksam gemacht.

S. 7   No. 4, 8. '²ɛutlıç] Die Aussprache mit d ist als seltener nicht zu empfehlen. Ebenso 'frɔyntlıç Z. 19. — 'auf] Vgl. zu ɛr'daxt, No. 1, 1.

16. dɛr] Die vollere Form hat etwas Demonstratives, individualisirt: „der (dieser) Apfel da". Ähnliches sonst.

20. 'a:bər] Als nicht ganz unbetonte Konjunktion behält 'a:bər auch innerhalb des Sprachtaktes das '. Ebenso S. 11, No. 5, 18. 30; u. s. w. Das Gleiche gilt für 'aux, No. 11, 10; No. 13, 4 u. s. w. Vgl. zu ɛr'daxt, No. 1, 1.

S. 9   21. nn] Weil unbetont, verkürzt; statt nu:. Die Form nu (neben nun) gehört der Umgangssprache an.

32. pfaift] Man erwartet wohl 'pfaift, im Gegensatz zu 'kryst und 'zıŋt. Jedoch gibt Z. 32 eine stehende Redensart wieder, die gewöhnlich so betont wird wie hier im Text.

38. dəm] Demonstrativer wäre dɛm (oder gar de:m). Vgl. zu 16.

S. 11   No. 5, 4. ɛs] Auch flüchtiger: əs. Ebenso 5. 26 u. s. w. Dagegen wäre ər in vırt ər u. s. w. auch in der Prosaerzählung als zu flüchtig kaum am Platze.

13. di hant tsu'ryk] Lieber so als di 'hant tsuryk, weil von der Hand schon die Rede gewesen und das Zurückziehen das Wichtigere ist.

25. trçtı(k)/ç] Nachdrücklicher: 'trçtı(k)/ç. Von drei unmittelbar aufeinander folgenden Wortakzenten wird der mittlere meist abgeschwächt.

S. 13   4. gu:təs] Ohne ', weil stehende Redensart.

6. 'nıçtsnʊtsıɡ/jə] Besonders nachdrücklich wäre 'nıçts-|'nʊtsıɡ/jə.

9. bɛstən] Anschaulicher: 'bɛstən. Die rasche Erzählung verzichtet auf manche schwächeren Akzente, die bei nach-

ERLÄUTERUNGEN. 137

drücklicherem Vortrag nicht fehlen würden. Dasselbe ist bei den Infinitiven Z. 17 der Fall. Bei lʊstɪ⁽ᵏ⁾/ç gilt das zu trçtɪ⁽ᵏ⁾/ç S. 11, Z. 25 Bemerkte.

No. 6, 4. i'gna:ts] Vielfach auch ''ɪŋ'na:ts; vgl. Magnet, Agnes u. s. w. (In Süddeutschland Ton auf der ersten Silbe.) — ɪç] Betonung unnötig, da 'mi:r vorausgegangen ist. Ebenso ɪç Z. 5. — Auch bei tsu''e:rst Z. 4. 5 und S. 15, Z. 3. 4 könnte in rascher Rede das ' fehlen.

No. 7, 2. 3. 'o] Nachdrücklicher: 'o:, ''o:.   S. 15
3. 'hɪn, 6. hɛrain] Es ist nicht nötig, obwohl möglich, in beiden Fällen in Bezug auf die Betonung ganz gleich zu verfahren. Z. B. auch: hɪn; hɛ'rain. Bei 4. drɪn fehlt der Akzent, weil das vorhergehende 'kɪndər stark betont ist.

No. 9, 2. 'ɛs] Zu Anfang des Satzes lieber so als 'əs. S. 17
Vgl. übrigens zu S. 11, No. 5, 4.

11. gəʃtraiftən] Ohne '; vgl. zu trçtɪ⁽ᵏ⁾/ç, S. 11, 25.
18. tsu: di:r] Vor dem Pronomen schwacher Akzent auf tsu:; daher die Vokallänge bewahrt. Ebenso S. 19, 5.

11. Lies: 'vɔlkən dʊrç] Oder auch: 'vɔlkən | 'dʊrç.
No. 10, 5. ''ain] So wegen der Aufzählung. Vgl. 8 u. s. w. S. 19
7. tsu:] Nachdrücklicher: 'tsu:.   S. 21
8. ''ɛrpsən'akər] Nicht ohne ' vor akər, da das zweite Glied der Zusammensetzung immerhin, wenn auch schwächer als das erste, betont ist.

14. 'faulɛntsərs] Man beachte das ɛ (nicht ə!). Ebenso Elend, elend ''e:lɛnt, Elen ''e:lɛn.
15. de:r] Stärker auch: 'de:r.

No. 11, 5. 'o:] 'o wäre hier wohl zu flüchtig, ''o: wohl zu stark. Ebenso 11 u. s. w.

No. 13, 14. sɪst] s im Anlaut, weil aus (')əs verkürzt.

No. 14, 12. 'ʃain] Auch wohl ʃain, wie Sonnen- S. 27
schein 'zɔnənʃain.

No. 15, 8. frɪʃən] Hier und 16. bei hɛlən wieder ' zu S. 29
setzen, wäre etwas schwerfällig; bei gɔldənən 15. ist ' erst recht überflüssig, wegen 4.

Viëtor. Deutsches Leseb. i. Lautschr. II.   9**

ERLÄUTERUNGEN.

No. 16, 4. 'raif] Flüchtiger: raif. Die Situation läßt den Begriff als ziemlich selbstverständlich erscheinen.
9. ''ɛːrən] Weniger nachdrücklich: 'ɛːrən.

S. 35   No. 19, 4. 'landəs]. Auch ohne '.
6. tsu iːm] In diesem Zusammenhang ist tsu unbetont. Vgl. zu S. 17, 18.
11. vi fiːl] Oft auch: viː fiːl, mit schwachem Ton auf viː statt auf fiːl. Ebenso 15. 17. 26; ähnlich auch bei zo fiːl 19. 22.
14. lauft] Mundartlich lauft statt läuft lɔyft.

S. 43   No. 22, 8. ''ɔy k/ç lain] Nicht ɐ/j, weil das l nicht zum Stamm des Grundwortes gehört. Anders z. B. ʃnɛːblain S. 37, 1.
20. zoː] Nicht so flüchtig wie in sofort zo'fɔrt.

S. 45   No. 23, 18] Weniger nachdrücklich ohne ' bei blɛtər und kain. Dagegen darf 22. 26 das ' vor blɛtər nicht fehlen; eher das ' vor gɔldnən.
29. 'ɛtvas] Schwacher Ton auch auf -vas, mitteldeutsch (Rückert war im nördlichen Bayern zu Hause) auch -vaːs, wodurch der Reim besser würde. Die meisten Norddeutschen sprechen: -vas : glas. Schriftdeutsche Aussprache wie im Text.

S. 49   61. viːdər 'leːr] Auch: 'viːdər leːr.
No. 24, 6. 'a'lain] Nicht (?), weil 'a'lain das ' überhaupt zu behalten pflegt. Ebenso 13.

S. 57   No. 25, 17.] Schwacher Ton auf bai.
S. 67   No. 29, 25.] Oder auch zain (ohne ').
S. 71   No. 31, 4.] Oder: vɛːən (ohne '). Vgl. 10.
S. 81   No. 36, 7.] Auch: ʃoːn (ohne ').
S. 83   9.] Auch: 'tsaik/ç (= zeig statt zeig').
S. 85   17.] Auch: ainən 'ʃnɪt.
S. 87   No. 37, 4.] Auch: 'vas zi 'aləs.
7.] Auch: 'hiːs ɛs nuːr.
9.] Oder: da.
S. 89   8.] Auch: ʃoːn 'aləs (beide ohne ').
S. 93   26.] Besser so als ʃnɪtə gə'taːn
S. 96   No. 38, 6.] Lies keine (so im Original).
S. 99   No. 39, 7. 'todəs|'ʃrɛkən] So; dagegen 12. 'toːdəs-

ɛŋstən, weil das Kompositum Todesangst 'toːdəsaŋst viel geläufiger ist.

28. 'ʔʊn|'noːtrʊ/jə] Das erste ' kann fehlen.

No. 40, 29. 'jaːrə ʔalt] Nicht 'jaːrə | ʔalt! S.

8. erschrak ɛr'ʃraːk] Im Original steht erschrack S. (= ɛr'ʃrak), jedoch ist die erstere Form jetzt die schriftdeutsche.

8. 'vais|ɡə'dɛktəs] Oder nur der erste Akzent. Vgl. zu S. S. 11, 25.

10.] Auch: 'daxtə nɪçt ʔandərs. S.

28.] da] Kurz, weil Interjektion. S.

13. tsuː dɛm] tsuː, weil zu Anfang des Abschnitts; dɛm S. = „diesem".

2. Eigentlich: 'roːt|'ɡlyːəndən, aber das Wort ist geläufig, S. und ein neuer Akzent folgt. — zo 'laŋə] Oft auch: 'zoː laŋə.

No. 41, 26. Lies: saß da. S.

25. Oft jaᵏ/ₓt-; jedoch wird auch bei Siebs, D. BA., die S. Länge empfohlen.

www.ingramcontent.com/pod-product-compliance
Lightning Source LLC
Chambersburg PA
CBHW030358170426
43202CB00010B/1415